Prisons

Design de couverture, conception graphique
et réalisation des pages intérieures : Cédric Ramadier
Image de couverture : D. R. / Cédric Ramadier
Édition : Anne-Sophie Dreyfus

www.editionsdelantilope.fr

Ludovic-Hermann Wanda

Prisons

roman

l'antilope

À mon centre de gravité,
mon équilibre, mon mini-moi :
Louis-Salomon.

« Je n'ai certes pas l'imagination d'un écrivain,
mais je doute fort qu'un écrivain puisse
imaginer ma vie ; et quelle vie ! Il me fallait
donc l'écrire moi-même… »

Chapitre 1

En cette année 2003, le mois d'avril coule son seizième jour. Toisant avec un air souverain – un air que l'on croirait emprunté à Charlemagne – le paysage bucolique cher à Brel, vaste espace peuplé de vigoureuses vaches, de somptueux tracteurs et de collines verdoyantes taillées au laser et parfumées d'innocence, le Thalys, à bord duquel se trouve Frédéric, roule à vive allure en direction de Paris. La capitale, carrefour de toutes les ambitions, Olympe de tous les Rastignac, cercueil de tous les Lucien de Rubempré, s'approche à grands pas, à la manière d'une ligne d'arrivée olympique ; celle-là même qui a le pouvoir de transformer la sueur en lauriers. Ou en larmes. Plus qu'une dizaine de minutes à attendre. Comme toujours en pareille situation, cette dernière ligne droite se veut interminable, du moins aux yeux de notre voyageur principal, reconnaissable entre tous par son look quelque peu atypique. C'est à peine s'il compte les secondes comme il a précieusement su compter, il y a moins de trois heures, les liasses de gros billets vert et jaune qui, à l'aller, lui avaient chaudement tenu compagnie, à l'instar d'escorts disposant d'un sens de la conversation proustien ; des liasses qui lui avaient permis de prendre le monde de haut. C'est le privilège que seuls connaissent – dont seuls jouissent – allègrement celles et ceux qui ont, entre leurs mains, le pouvoir de s'offrir tout ou presque ce qu'ils désirent. Ce privilège de haut rang, rares sont les personnes qui parviennent à se retenir d'en user. Rien d'étonnant : à quoi bon avoir de l'argent plein les poches, si ce n'est pour regarder le monde de haut, comme le maître esclavagiste regarde son bétail humain ? Respecte ton prochain et méprise ton lointain : telle est la loi qui coule dans les veines de la nature humaine. De la si animale, de la si basse nature humaine.

La sérénité qui court sur l'harmonieux visage de Frédéric est trahie par son incessant va-et-vient entre son siège et les toilettes. Il a beau se convaincre qu'il a l'étoffe d'un dur à cuire, qu'il est de la tribu des *cold blood*, que le danger a pour lui le goût d'une boîte à malices, rien n'y fait : le corps a ses lois que la volonté humaine ne saurait contredire. Et présentement, force est de constater que son corps est l'otage de la peur. La vraie, la véritable ; l'authentique ! Pas celle que l'on prétend ressentir pendant qu'un film d'épouvante s'agite sous nos yeux avides de sensations fortes, alors qu'on sait au fond de soi que le méchant ne sortira pas de l'écran pour découvrir si notre sang est plus sucré que le Ketchup ou si notre cri résonne autant que celui de sa dernière victime ; mais plutôt celle qui agite le destin, le nôtre, sous notre regard. Celle d'un soldat lorsqu'il affronte, muni de son seul – quoique tremblotant – courage, la mort sur le champ de bataille, loin des bras soyeux de sa jeune Pénélope et des papouilles dégoulinant d'amour de ses petits Télémaque ; ou celle d'un dealer lorsqu'il s'apprête à effectuer une lourde transaction où des millions d'euros et des milliers de nuits en prison seront en jeu, tels des dés sous les néons d'un casino. Une transaction qui, si elle venait à tourner au vinaigre, pourrait – le doute est très mince à ce sujet – le conduire directement à l'ombre, entre quatre murs, loin de ses grosses montres, de ses gros cigares et de ses grosses voitures ; ou, pire encore, entre quatre planches.

C'est précisément cette peur qui empêche notre jeune homme de profiter des derniers instants du voyage. Car depuis un peu plus d'un an, il arbore, non sans fierté, son costume d'étudiant en mathématiques, tout en gardant, vissée sur le crâne, une casquette de dealer, un dealer surnommé Blondin. Son produit : l'herbe. Un produit aussi juteux qu'une mangue bien mûre, tout droit venu du paradis des fumeurs de joints, la Hollande. Patrie de Van Gogh, de Cruyff, des tulipes, des vélos, du quartier rouge, mais aussi de Spinoza et de la marijuana.

Piqué par le virus capitaliste selon lequel vendre un produit, c'est se faire la plus grande marge possible, notre dealer-ultra-capitaliste s'était décidé à prendre son courage à deux mains et à se rendre directement à la source, histoire d'éviter les intermédiaires, réducteurs de marge ; surtout histoire d'avoir le meilleur produit du marché. Pourquoi se contenter de quelques parts quand on peut avoir tout le gâteau ? Il faut reconnaître que jusqu'ici cette stratégie du loup solitaire lui réussit plutôt bien puisque, en un temps record, il est devenu le dealer attitré de la jeunesse dorée parisienne. Son nom se balade sur leurs jeunes lèvres ; son produit orne les paumes de leurs mains. On peut le dire : une Blondin-dépendance anime le quotidien des héritiers franciliens. Lesquels adorent littéralement traiter avec lui, au moins autant qu'ils détestent se rendre en banlieue. Quand je parle de banlieue, il va de soi qu'il n'est nulle question de Neuilly ni de Versailles.

Une adoration qui, du reste, s'explique assez aisément : en plus d'assurer un produit de luxe ainsi que le service à domicile avec l'aisance d'un livreur de pizzas, Blondin offre à sa clientèle ceci de singulier qu'il ne se prive jamais d'assurer le spectacle, notamment par l'entremise de ses tenues, aussi singulières les unes que les autres, sur fond de santiags et de piercings en tout genre. Une panoplie qui lui confère l'allure du fils prodigue que Steven Tyler et Lenny Kravitz auraient pu concevoir.

En d'autres termes, notre rocker-dealer est à la tête d'une de ces petites entreprises qui, de la crise, ne connaissent que le nom. Tout roule pour lui. Seule ombre à son tableau, et non des moindres : la douane ferroviaire. Le rempart des petits poissons de sa trempe qui, en donnant au peuple l'impression que le système judiciaire fonctionne, permet aux plus gros poissons de dormir sur leurs deux oreilles au bord de leur piscine, dans les vapeurs d'un cigare cubain, à l'ombre du code pénal.

Postée à la gare du Nord, tel un chêne sans branche, la douane a coutume d'attendre de pieds fermes les voyageurs en provenance de Bruxelles, à l'affût du délit qui justifiera sa présence et qui donnera à ses agents dévoués le si précieux sentiment d'être utiles. Un délit qui n'est pas toujours au rendez-vous. Ou plus exactement qui n'est pas toujours repéré. Car, il faut bien le dire, ici règne la loi de la roulette russe : sur plusieurs centaines de voyageurs, seuls quelques-uns font l'objet d'un contrôle. Ce ne sont pas toujours ceux qui le méritent et surtout, par manque d'effectifs, il n'est pas rare que certains Thalys ne reçoivent aucun comité d'accueil de cette nature. Celui à bord duquel voyage Blondin sera-t-il de ceux-là ? On ne va pas tarder à le savoir.

Avec l'aisance d'un glaive se glissant dans son fourreau, le train entre dans l'immense fourreau ferroviaire.

Il s'immobilise. Les portes s'ouvrent comme s'ouvrirait une bouteille de champagne, et le Thalys déverse quasi instantanément ses bulles de vie : au milieu des pères, des mères et leurs enfants, pressés de retrouver le confort de leur nid familial ; au milieu des jeunes filles et des jeunes gens, impatients de retrouver les bras follement passionnés de leur moitié, Blondin, qui ne s'est pas fait prier pour sortir, tente de se fondre dans le flot des voyageurs. Il faut reconnaître qu'en dépit de son look, il passe presque inaperçu. Il ressemble à une *fashion victim* comme on en croise à chaque coin de rue de la ville lumière. Seul un zoom sur le coin de la bouche de notre jeune intrépide permettrait de déceler le signe de sa nervosité : un microrictus relié à son bras droit et au bout duquel est tapi son si juteux investissement.

D'un pas ni trop lent ni trop rapide, il se dirige vers sa clientèle adorée ; laquelle, je peux l'imaginer, trépigne de revoir ses santiags et son produit euphorisant. Après le millier de kilomètres parcourus dans la journée, la dizaine de mètres qu'il lui reste ne vont pas perturber son planning, il en est sûr. C'est en tout cas ce que je lis dans son regard, sur son visage aussi impassible que le casque d'un Spartiate sortant de la forge.

Au nombre de sept, les douaniers sont là, fidèles à leur poste. Ils paraissent ne pas accorder la moindre attention à Frédéric, qui s'apprête à les dépasser d'un pas se voulant le plus confiant possible ; le pas de celui qui va de l'avant sans se retourner. Plus qu'une seconde et à lui Paris-by-night !

Le temps se fige, le présent jaillit :

– Monsieur… Oui, vous, monsieur. Bonjour, douane ferroviaire. Pouvez-vous, s'il vous plaît, nous présenter une pièce d'identité ainsi que le contenu de votre valisette ? Merci.

C'est bien vers sa personne que ces paroles sont dirigées, hélas pour lui. Il le réalise. Son regard s'est comme volatilisé, projeté vers un ailleurs, accessible de sa seule conscience. Un être humain ou une statue : impossible de le savoir tant Blondin s'est figé. Se demande-t-il s'il doit tenter de forcer le barrage en prenant ses jambes à son cou ? Si c'est le cas, cela n'aura duré qu'un centième de seconde car il a finalement l'air de vouloir obtempérer.

Ding ! Dong ! Sonne la cloche de la réalité. Le rêve est fini, place au réveil.

Jusque-là, tout marchait bien. Trop bien d'ailleurs. À coup sûr, notre dealer est en train de réaliser qu'il vient de faire le pas de trop. Celui qui provoque la glissade, la chute… et parfois la mort : le pas de l'incarcération.

– Transportez-vous par hasard quelque chose d'illicite ? lui demande, avec une voix plus diplomate qu'amicale, le douanier – ou plutôt la douanière, puisqu'il s'agit d'une femme – en récupérant la carte d'identité que Blondin lui tend.

– Oui, ma valise est remplie de cette herbe que les moutons ne broutent pas, lâche-t-il en tentant d'évacuer de son esprit, par un brin d'humour, la gravité de sa situation.

Vœu pieux, ainsi que nous le prouve le double voile noir – que dis-je, noirâtre – qui recouvre désormais son visage. Un voile que l'on a coutume de voir envahir le visage de ceux qui viennent d'apprendre qu'ils vont goûter à la chaise électrique.

« C'est une blague ou alors j'ai mal compris » exprime le regard éberlué de la douanière. Aidée par un collègue qui se tient à sa droite, elle se saisit de la valisette, la plaque sur le sol, l'ouvre d'une main presque tremblante... et constate que l'emploi de l'adjectif « remplie » se justifie ô combien. Deux immenses sacs en plastique, gavés d'herbe comme Mozart était gavé de génie, empestent l'illicite et la fixent telle une méduse. La douanière referme aussitôt la valisette, comme si elle craignait d'être transformée en pierre. Surpris par une telle saisie, les deux collègues qui entourent notre dealer lui sautent dessus – un réflexe pourrait-on dire –, le plaquent sans ménagement sur le panneau publicitaire présent fortuitement devant eux, et ce, alors que le concerné n'oppose aucune résistance.

– Donnez-nous vos mains et ne bougez plus, compris ? lui assènent-ils avec le ton d'autorité d'un char d'assaut russe entrant dans les rues de Budapest.

– Vous donner mes mains, ça risque d'être hardcore, j'en ai encore besoin. Finir ma vie manchot, c'est pas dans mes projets, wesh, croit-il devoir rétorquer, comme si la gravité de la situation n'avait pas atteint son entendement, contrairement à ce que semble indiquer son regard devenu noir, comme l'âme de la Révolution française en septembre 1792.

Oui, il le sait, la partie est terminée, il est échec et mat, sa liberté est maintenant à l'image de ses mains : menottée au pouvoir judiciaire.

– Eh bien, mon coco, fais le malin si ça te chante. Mais j'te donne un conseil : profites-en bien. Car j'peux t'assurer que là où tu vas passer tes prochains mois, tu auras tout le temps de penser à tes projets, lance l'un des douaniers, à l'humour congelé, qui ne boude pas son plaisir de serrer les menottes.

L'autorité, c'est lui. Le dernier mot, c'est pour lui. Non mais !

Le présent ruisselle sur le sort de Frédéric autant que des larmes sur les joues de Sainte Thérèse d'Avila : deux heures se sont écoulées depuis son arrestation, un tantinet musclée, survenue sur un quai de la gare du Nord.

Après avoir été transféré du poste de douane au commissariat de police le plus proche, à l'ombre du flot des regards indiscrets des voyageurs, il porte désormais le statut peu enviable de « gardé à vue », comme on dit dans le jargon judiciaire. Au beau milieu d'une épaisse odeur d'urine où se mêlent l'éternel sentiment d'humiliation et la colère vengeresse, la fouille au corps vient d'avoir lieu. Une humiliation qui prend des allures de rappel : les droits de l'Homme si chers à mon cœur sont sommés de rester à la porte des commissariats.

L'agent de police qui, du haut de sa vingtaine d'années, s'est employé à effectuer cette basse besogne sur Frédéric, n'a rien à signaler. Aucun accroc, aucune mauvaise surprise, telle qu'il en surgit de temps en temps – pour ne pas dire souvent – avec les jeunes de banlieue qui tentent de dissimuler une boulette de shit dans la bouche ou entre les orteils.

L'espace réservé à ce type de spectacle concentre quelques cellules et présente ceci de singulier, de marquant, voire de choquant, qu'il respire la coupure brutale, façon guillotine, d'avec la société : il n'a pas l'ombre d'une fenêtre. À tel point qu'il est impossible à un gardé-à-vue de savoir si, à l'extérieur, il fait jour. Le but non avoué d'une telle configuration est de chambouler l'esprit du délinquant présumé, histoire que, chahuté par ce décor-électrochoc, il perde tout repère et se mette à table face au feu roulant des questions de l'inspecteur quand celui-ci s'emploiera à le cuisiner. Une méthode maintes fois éprouvée. Le bilan parle de lui-même : plus de quatre-vingts pour cent des faux Tony Montana se transforment en vrais Bambi ; ou plutôt se révèlent être de vrais Bambi.

Preuve que les principes, c'est bien pour assaisonner des discussions mondaines, spectacle des apparences où il faut savoir faire étalage de sa grande humanité, mais que l'efficacité sur le terrain, c'est mieux. Le pragmatisme, il n'y a que ça de vrai. La vie est ainsi faite : l'action a ses raisons que la théorie ignore ; ou feint d'ignorer.

Mais plutôt que d'avoir la tête dans les mains et le dos courbé vers une douleur intérieure – car à moins de réussir une évasion à la Spaggiari, notre Blondin passera la nuit sous les verrous – il affiche un air décontracté, frisant l'insouciance. Étendu sur la planche de bois qui lui tient lieu de lit, son corps a l'air d'être sur un transat, parfaitement à l'aise. Déconcertant de décontraction. Seule semble manquer à sa convenance une pina colada bien fraîche. Quant à son regard, il brille d'enthousiasme. Il doit être en train de caresser de faux espoirs, de s'imaginer qu'il retrouvera ce soir la chaleur de son lit. Si seulement il savait quel enfer l'attendait. À moins qu'à travers cette attitude quelque peu paradoxale, il faille voir les prémices de la folie.

Elle s'invite souvent dans la tête d'une personne aspirée par un choc émotionnel. Les hôpitaux psychiatriques regorgent de jeunes banlieusards fracassés par une prise de conscience : elle leur fait comprendre que leur goût anarchique de l'insoumission les a attirés sur une voie sans issue avec pour seul horizon la galère, cet épais nuage sombre qui engloutit les rayons du développement personnel.

Oui, plus j'y pense et plus cette pensée adopte les traits de l'évidence : la folie vient de prendre une nouvelle âme sous son aile.

Chapitre 1 bis

« Wesh, j'arrête pas d'chier ! C'est un truc de ouf. À chaque fois que j'reviens gé-char en mode mulet, ça m'fait le même coup, la putain d'sa mère, et pourtant j'ai pas fait comme d'hab, cette fois-ci, j'ai rien graillé exprès, ah ouais, j'ai beau faire l'malin, mais la peur, cette salope, elle m'casse les couilles, j'aurais p't-être du tiser, j'suis sûr qu'un ou deux bons verres de sky, secs, tarrh les cow-boys, ça m'aurait mis bien, en mode robocop. Parce que là, à force d'aller et de rev'nir des lettes-toi, j'vais finir par m'faire cramer et me faire lance-ba par un bâtard, surtout qu'ici, y'a que ça des lance-ba, la vie d'ma mère, les Babtous ils kiffent trop ça, balancer : c'est un lire-dé, j'ai jamais compris pourquoi. On dirait, ils vivent que pour ça : balancer ceux qui ont les couilles de faire ce qu'ils rêvent de faire. Mais eux, ils n'osent pas faire, ces sales fils de lâches. Le train, on dirait il roule au ralenti tarrh les bus remplis de touristes qui veulent prendre en photo chaque centimètre de Pigalle, c'fils de putain de train : tu veux te la jouer escargot avec moi, espèce d'enculé. J'avoue, le paysage, il passe crème : les cé-fran, quand il faut s'occuper de leur espace, ils savent faire les vrais bailles. On dirait q'c'est pas réel, wallah, on dirait un tableau de musée, les champs, les collines, les maisons, tout est fluide. On dirait qu'ils ont tout taillé au laser, sa mère. Té-ma, les bailles : même les vaches elles sont techniques, c'est un truc de ouf. Mais moi, j'm'en bats les couilles des champs, moi j'suis un mec du bitume, un vrai mec du ter-ter, c'est ma langue maternelle. Moi, l'herbe, j'm'allonge pas dessus en écoutant du Francis Cabrel, non, ch'uis pas un putain de hippie. Moi, l'herbe, j'la vends et j'la fume en mode Snoop. Putain, celle que j'ai ramenée, elle défonce sa mère. J'vais m'faire un bon gros illet-bi dessus. J'avoue, ça vaut le coup d'aller direct à la source, plutôt que de courir derrière un tard-bâ qui te fait des tarots de fou-malade et qui en plus te sert de l'herbe bas de gamme tarrh Lidl. Depuis que j'fais mes bailles seul-tout, que j'porte mes couilles jusqu'en Hollande, j'ai des ients-cli de tout-par, des gitans aux fils de bourges : des caravanes de gneux-Vi aux hôtels particuliers de Neuilly, tout le monde veut la white widow de Blondin, si si ! Putain, j'ai encore envie d'chier. »

« Ah, sa mère la pute : ils sont là ces p'tits pédés de douaniers. Bon, bon… tranquille, tranquille… j'ai l'habitude… j'vais pas me chier d'ssus. D't'façon, même si j'en avais envie, je ne chierais que de l'air, tellement j'ai laissé dans les chiottes du train tout ce que j'avais dans le ventre. Au moins, il me reste le plus important : mes corones ! C'est maintenant que je dois les porter sans trembler. Allez, c'est parti mon kiki ! »

« Voilà, c'est bon, j'ai réussi… Comme d'hab, ces bouffons de douaniers ne servent à… »

– Monsieur… Oui, vous, monsieur. Bonjour, douane ferroviaire. Pouvez-vous, s'il vous plaît, nous présenter une pièce d'identité ainsi que le contenu de votre valisette ? Merci.

« J'ai parlé trop vite, sa mère la pute, ça y est, ch'uis cuit, c'est dead… »

– Transportez-vous par hasard quelque chose d'illicite ?

« De quel hasard tu m'parles, sale bâtard, va ! Arrête de m'parler de hasard, espèce d'athée d'mes couilles. Y'a pas de hasard, y'a que Dieu ! Là, j'crois qu'il m'a abandonné, ch'uis dead ! »

– Oui, ma valise est remplie de cette herbe que les moutons ne broutent pas.

« Ça y est, retour à la case ry-Fleu, la putain d'sa mère. Ça veut dire que pour mon année universitaire, c'est foutu ! Et comme je redoublais et qu'en maths on n'peut pas tripler, ça veut dire que… nonnn, j'le crois pas, Dieu m'a vraiment abandonné ? Et moi qui croyais qu'Il m'avait sauvé et qu'Il me protégeait. Finalement, Il m'a lâché comme un fruit pourri qu'on lâch'rait dans une poubelle. C'est donc ça le libre arbitre : Dieu te protège mais si tu fais le con à te croire intouchable et que tu fais n'importe quoi malgré ses avertissements, Il te dit “a ciao”. J'le crois pas, c'est pas possible. Pourtant j'étais sûr de faire de mal à personne, puisque j'faisais juste du business, un business qui est autorisé à quelques centaines de kilomètres d'ici, il n'y avait rien de grave, je n'ai pas vendu la mort, non, c'est pas vrai : j'vais r'tourner au card-pla ? C'est donc ça ma vie : celle d'un taulard qui de temps en temps goûte à la liberté ? Non, j'le crois pas, Dieu n'a pas pu m'abandonner comme ça, il n'a pas pu m'abandonner comme l'a fait mon père, sinon, s'il voulait m'abandonner, pourquoi il l'a pas fait avant, pourquoi Il m'a sauvé la mise mille fois pour finir par m'abandonner ? C'est pas logique. Non, c'est vraiment pas logique. Et depuis quand Dieu n'est pas logique ? »

– M. Nkamwa, on va vous transférer au commissariat.

– Ok, mais j'peux vous poser une question s'il vous plaît ? Vu que c'est vous qui m'avez interpellé…

– Allez-y, je vous en prie.

– Pourquoi vous m'avez contrôlé, moi plutôt qu'un autre ? Parce que je suis un Black avec un style che-lou à la Jimi Hendrix ? Ou est-ce que j'ai fait un truc bizarre qui m'a trahi ? J'ai besoin de savoir, s'il vous plaît…

– Pas du tout ! Vous n'y êtes pas. Rien ne clochait, croyez-moi, je ne contrôle pas une personne par rapport à sa couleur de peau, vraiment pas. Et si tous les jeunes de cité s'habillaient comme vous et non en survet-basket-casquette, ils subiraient moins de contrôles. On reproche à la police d'effectuer des contrôles au faciès, alors que nous faisons des contrôles aux vêtements et surtout aux attitudes. On cible des profils parfaitement identifiés et identifiables à leur façon de s'habiller et de parler. En ce qui vous concerne, j'vais être franche avec vous : j'ai comme qui dirait eu un flash. Oui, un flash, c'est ça. Vous n'allez p't-être pas me croire, et pourtant j'vous assure que c'est vrai.

– Un flash ? Vous êtes sérieuse là ? Juste un flash ? Vous pouvez l'jurer sur la tête de vos enfants ? Non, j'plaisante. En tout cas, merci m'dame, merciii… Vous ne pouvez pas savoir comme vous v'nez de me sauver la vie là ! Vous n'pouvez pas imaginer à quel point. « J'me disais bien que c'était pas logique. Dieu, j'me disais bien que Tu ne m'avais pas abandonné. Toi aussi, Dieu, pendant quelques heures, j'ai failli perdre la tête comme Louis XVI, sauf que moi, j'allais pas avoir besoin de la guillotine pour ça. Maintenant j'peux respirer, puisque ch'ais que si T'as décidé que j'aille à Fleury, c'est pour mon bien. Un flash ? Non, sérieux Divin, T'es trop puissant. Tu mets des flashs dans la tête des gens, normal, et l'autre bât, pardon, et l'autre douanier qui m'parlait de hasard, les pauvres athées, ils m'font d'la peine miskine ! Ils ont vraiment rien compris à la life ceux-là… Bon, en même temps, si ça s'trouve, il n'est même pas athée, ch'uis un ouf moi, genre j'ai l'pouvoir de deviner en quelques secondes qui est croyant et qui n'l'est pas, n'importe quoi, bref, le plus important c'est que maintenant que ch'ais que je ne suis pas un fruit pourri, j'peux aller tranquilosse à Fleury avec le sourire, pépèrosse ! Comme si j'allais au club Med siroter des mojitos. Par contre, c'est maman qui risque de ne pas avoir le sourire quand elle va apprendre que son fils, qu'elle croyait sorti du trou pour de bon, grâce au bac, eh bien y retourne une nouvelle fois, pauvre maman ! Mais bon, si c'est mon destin, si Dieu l'a voulu, c'est qu'il a un plan pour moi. »

– Allez, M. Nkamwa, bon courage. J'espère sincèrement ne jamais vous revoir. Ou du moins pas dans ces conditions. Si seulement tous les dealers étaient aussi polis que vous et ne jouaient pas aux caïds qu'ils ont aperçus dans les films de Martin Scorcese, notre métier serait plus fun. Et puis, même pour eux, ce serait tout bénef. Ce qu'ils ne comprennent pas, c'est que si on leur mène la vie dure, si on leur casse les pieds, contrairement à ce qu'ils croient, ce n'est pas parce qu'ils sont d'origine africaine ou maghrébine. La preuve, leurs parents, leurs braves parents, on les laisse tranquilles. Non, si on se comporte comme ça avec eux, c'est parce qu'ils nous forcent à le faire en nous poussant à bout. Ils piétinent notre autorité, ils s'obstinent à nous manquer de respect : ils passent leur temps à jouer aux cons, à nous insulter, nous menacer, nous fusiller du regard comme si on avait tué leur mère ou violé leurs sœurs. Je vous assure, ce sont eux qui nous rendent méchants. D'ailleurs, je tenais à m'excuser pour tout à l'heure : on n'avait pas à vous plaquer de manière aussi musclée alors que vous n'opposiez aucune résistance. On arrête tellement de brutes qui refusent d'obtempérer qu'on a fini par devenir comme elles. Quand j'y pense, j'me dis : vivement la retraite. Le pire c'est que je ne suis même pas sûr de tenir jusque-là. Bref, bon courage et s'il vous plaît, n'arrêtez pas vos études, accrochez-vous ; c'est votre seul moyen de vraiment vous en sortir, parce que l'argent facile, c'est peut-être cool pour se payer des bouteilles et des paires de nichons en boîte de nuit, mais ça ne dure qu'un temps. Après c'est la lente descente aux enfers, croyez-en mon expérience, j'en ai vu des dealers qui faisaient les beaux au volant de grosses cylindrées, avec des blondes assises à côté d'eux. Aujourd'hui, si je vous les montrais, vous ne pourriez pas croire que, fut un temps, ils avaient la belle vie. Aujourd'hui, ils ressemblent à des épaves, ce sont des morts-vivants abandonnés de tous qui errent dans les bars, entre l'héroïne, les regrets et l'alcool. Ils n'attendent plus qu'une chose : mourir pour de bon. La plupart se sont suicidés ou ont fini à l'asile, quand ce n'est pas dans la rubrique faits divers au chapitre règlement de compte. Croyez-moi, ça vaut pas le coup. Je sais, je n'suis pas votre père, mais vous avez l'âge de mon fils. Pensez-y, bordel…

Chapitre 2

Après être passé devant un juge d'instruction aux oreilles duquel son histoire de loup solitaire de l'économie souterraine n'a pas rencontré la moindre crédibilité, après que ce dernier lui eut donc notifié son placement, à compter de ce jour, sous le régime du mandat de dépôt, convaincu que quelques mois à l'ombre permettraient aux enquêteurs de faire la lumière sur cette affaire louche, Frédéric se trouve à nouveau dans la peau du voyageur. Sauf que cette fois-ci, il n'est plus à bord d'un Thalys caressé par les rayons d'un soleil plein de promesses, rempli de destins-utiles, qui roule en direction du bonheur, mais à bord d'un camion cellulaire, mini-prison à roulettes, rempli de destins-nuisibles, séparés les uns des autres par des mini-murs-en-fer. Le camion roule, au cœur de la nuit profonde, vers Sainte-Geneviève-des-Bois, là où l'attendent les célèbres ténèbres de la société : la prison de Fleury-Mérogis. Un trou noir, aussi noir que la peste qui ravagea l'Europe naguère, où s'entassent la crasse du vivre-ensemble et les parasites de l'ordre social, ou jugés tels. Une noirceur que l'administration a pris soin d'organiser dès le camion-poubelle sans fenêtre ni lumière, histoire sans doute de préparer le cerveau du nouveau taulard à la noirceur qui l'attend.

Un silence de plomb règne entre les mornes parois en tôle de ce mini-Alcatraz à roulettes qui fonce tout droit vers le sous-sol de la civilisation. Hormis les deux gendarmes assis à l'avant, les occupants sont plongés dans la plus noire des solitudes. Elle s'infiltre dans leur cerveau et leur fait réaliser désormais qu'ils sont privés de l'un de leurs biens les plus précieux : la liberté de mouvement. Assis face à eux-mêmes, ne pouvant ni voir ni même entrevoir aucun visage durant ce trajet de près de soixante interminables minutes. L'atmosphère est trop lourde pour laisser le sommeil se frayer un chemin sous des paupières. Dans la conscience de ces destins-incarcérés, l'introspection est invitée à tourner à plein régime.

Dire qu'il y a à peine quelques heures, ces nouveaux parias vaquaient à leurs occupations, en compagnie de leurs proches, sans se douter une seule seconde qu'ils jouissaient de leurs derniers instants de liberté avant des mois, voire des années. C'est fou comme le malheur a le don de se pointer, sans préavis, à pas de loup, sur le seuil de notre porte. Reste qu'il y a malheur et malheur : là, il n'est nulle question de maladie qui frapperait un enfant innocent, pas plus que d'un accident domestique s'abattant sur une mère de famille dévouée.

Là, le malheur se pare des habits de la justice. À semer le mal, on récolte le malheur. Qu'on se le dise : à bord de ce camion, on compte plus de loups que de pauvres agneaux.

Toujours est-il qu'au milieu de ce sombre tableau que l'on croirait, en exagérant un peu, arraché à la description livrée par Alexandre Soljenitsyne du voyage qui menait au Goulag des centaines de milliers de Russes insuffisamment dociles, Frédéric est tranquillement assis. Plus intrigant, son visage, quoiqu'obscurci par l'ombre, reste jovial. Mon doute se rapproche de la certitude : la folie semble avoir posé ses valises dans son esprit. Cela dit, un détail m'intrigue plus qu'aucun autre. Les piercings qui ornaient son visage ont été enlevés, sauf un, et pas n'importe lequel. Sans doute le plus visible. Celui situé au-dessus de sa lèvre supérieure, tel un grain de beauté en diamant. Comment est-ce possible? Comment cette marque de coquetterie peut-elle apparaître dans un camion cellulaire? Même Marie-Antoinette, pourtant reine à Versailles, n'arborait pas le moindre bijou lorsque le bras ivre de la Révolution la conduisit à l'échafaud.

Nous y voilà.

À Fleury-Mérogis. S'ouvrent les portes de la plus vaste des maisons d'arrêt que compte l'espace européen.

Lentement. Très lentement. Dante aurait adoré assister à cette scène, de laquelle il aurait puisé inspiration, tant le souffle chaud de l'enfer s'en dégage. Le camion traverse trois barrages. Un parfum d'amertume flotte dans l'air, ou plutôt saccage l'air, emportant avec lui les sourires et la liberté. C'est donc officiel : Frédéric Nkamwa est en prison. Pour combien de temps ? Là est toute la question. En attendant que la réponse ne se fasse connaître, le voilà qui descend du camion. D'autres prisonniers composent avec lui ce cortège, butin carcéral du jour. Ce soir, la société dormira délestée de délinquants. Ou plutôt, de jeunes pris dans le tourbillon de la délinquance. Parce que, ce qui me frappe en regardant tous ces visages, c'est la fraîcheur de leur âge. Aucune ride, aucun cheveu gris, aucune calvitie, non, que des peaux lisses à peine sorties du bac à sable, bien que certaines soient déjà marquées par deux ou trois balafres.

Ce beau monde se voit dirigé à l'intérieur d'un bâtiment sans vie, que l'on pourrait prendre pour une caserne, tant s'en dégage le parfum de l'ordre. Un quatuor de surveillants est présent pour accueillir les nouveaux locataires. À en croire leurs mines impassibles, ils ne paraissent ni choqués ni étonnés de voir débarquer tant de jeunesse. « Cette jeunesse des cités, c'est notre routine ! », voilà ce que dit leur regard. Se pourrait-il qu'à l'ombre de la statue de Danton – ah, mon brave Georges – ma promesse, celle de prendre soin de mes enfants, soit chaque jour violée et qu'une partie de la jeunesse soit remise aux mains de la fatalité la plus froide, la plus mécanique ? La plus inflexible ? Sans doute ces hommes en uniforme sont-ils habitués. Depuis une dizaine d'années, cette réalité s'est fondue dans la banalité. Pourquoi s'en alarmer ? Toutes les sociétés ne produisent-elles pas des échoués du système, des errants hauts comme trois pommes, des rebelles pour qui l'école est une cage empêchant la liberté de déployer ses ailes et de prendre son envol. Toutes ; au même titre que tous les jardins produisent des mauvaises herbes. À l'exception peut-être de la société formée par les Pygmées d'Afrique ou les Indiens de la forêt amazonienne. Et, au sein des sociétés développées, le récit de l'échec de la vie trouve souvent sa première lettre, sa première ligne, son premier chapitre dans l'échec scolaire.

C'est un constat en forme de loi d'airain. Un enfant qui ne va pas aujourd'hui à l'école ira demain en prison. Victor Hugo, mon vibrant Victor, a laissé à la postérité quelques mots exprimant cette tragique évidence: « Fermer une école, c'est ouvrir une prison. » Ceux qui ont coutume de saupoudrer leurs conversations d'humour noir disent que Fleury-Mérogis est devenu le plus grand lycée d'Europe.

Étrangement. On se croirait au fin fond d'un village africain sans électricité ni eau potable, là où le temps prend tout son temps. Un peu trop même.

Comme pour marquer ce passage à la lenteur, l'administration pénitentiaire, par l'entremise des surveillants, met un point d'honneur à ce que chaque nouveau prisonnier intègre d'emblée la patience dans son logiciel mental. Ainsi se voit-il contraint et forcé d'attendre, dans une cellule à partager avec lui-même, que l'on se charge de son enregistrement officiel. Pour les nerfs, l'épreuve de solidité commence maintenant. Si la patience est une vertu, décision a été prise de transformer chaque destin-incarcéré en modèle absolu de vertu.

Dans la vraie vie comme en prison, tous les hommes ne sont pas égaux devant la patience. Certains taulards font les cent pas, d'autres tentent de trouver le sommeil sur le bloc de pierre qui leur sert de banc, après avoir néanmoins écrit, ou essayé de le faire, leur surnom mêlé à celui de leur quartier : pour un adolescent, avoir l'impression d'appartenir aux vrais durs, à ceux qui ont goûté aux barreaux, ça n'a pas de prix.

Quant à Frédéric, notre Lenny Kravitz du ghetto, il m'a tout l'air d'être installé sur un petit nuage de folie, un de ceux que l'on croisait par milliers à Woodstock. Car, à en croire l'expression de son visage délabré par deux jours de garde à vue sans rasoir ni savon, il semble s'être mis en tête de prendre part à une fête… Pour lui autant que pour n'importe quel arrivant, il n'y a pas l'ombre d'une fête à l'horizon, à part celle que lui réserve son séjour à l'ombre. Séjour qui, au vu des charges qui pèsent sur ses épaules – il est soupçonné de verser dans un trafic de drogue international – risque de prendre des allures de CDI.

Trois longues heures, cent quatre-vingts minutes courant à la vitesse d'un escargot, c'est le temps écoulé depuis son arrivée dans son tout nouvel environnement. Pas si nouveau que ça. Selon les informations dont je dispose et qui sont fiables, notre dealer-en-couche-culotte connaîtrait déjà les lieux. Il aurait fait leur connaissance, il y a près de cinq ans de cela, alors qu'il était encore mineur. Pour lui, c'est donc, pourrait-on dire, un retour au bercail. Et je pèse mes mots : il se murmure qu'à partir de deux incarcérations, la prison devient une résidence secondaire tant celui qui y est jeté demeure prisonnier du cercle vicieux de la délinquance. Un cercle duquel il s'avère difficile de s'extraire. Il n'est pas rare de croiser sur le banc des accusés, dans l'enceinte des tribunaux, des individus sur le point d'effectuer leur quinzième, leur vingt-septième, parfois même leur trente-quatrième séjour à l'ombre. Autant dire que, pour eux, la liberté est synonyme de temps mort, un aparté, une escale. Et je crains fort que, du haut de ses vingt-et-un ans, Frédéric ne soit déjà embarqué sur cet obscur chemin de l'éternel retour carcéral. L'avenir nous le dira.

Mais en attendant, le voici qui, escorté par un surveillant, sort de sa cellule d'attente. Je note que son pas est assuré, bruyant ; un brin arrogant, des plus inhabituel en ces lieux. Un bruit causé par le talon en bois de ses mocassins. Son enregistrement officiel peut débuter. C'est le moment où, aux yeux du système, il va abandonner son identité personnelle pour se voir attribuer un numéro d'écrou. Le regard des surveillants traduit un étonnement. On sent qu'ils n'ont que trop rarement l'occasion de recevoir un olibrius de ce genre, aussi bruyant et ainsi vêtu : veste en daim bleu marine, jean de rocker déchiré de part en part, paire de santiags qui, en raison du bruit qu'elles produisent, confèrent à la démarche de celui qui les porte une insupportable autorité. Insupportable au surveillant devant lequel il se tient debout ; lequel se doit d'être le seul détenteur de l'autorité. Un privilège qui, en l'espèce et cela saute aux yeux, ne semble pas si évident dans son esprit.

– Monsieur ! Vos chaussures. Vous allez devoir les laisser là. Mon collègue va vous remettre une autre paire, plus adaptée, lâche-t-il à l'adresse de Frédéric, en lui remettant, d'un geste sec, sa nouvelle carte d'identité, sa carte d'immatriculation carcérale.

– Merci m'sieur. Mes chaussures ? Je dois les laisser là ? Pourquoi ? Qu'est-ce qu'elles ont fait, wesh ?

– Déjà, vous allez commencer par me parler sur un autre ton ! Ici, on n'est pas dans votre cité ; ici, il n'y a pas de "wesh" qui tienne. Compris ? Vous enlevez vos chaussures, et vous ne discutez pas. Au cas où vous ne l'auriez pas encore bien intégré, ici, on n'est pas au festival de Cannes, assène d'un ton ferme, quasi martial, le dépositaire de l'ordre carcéral, le visage suant d'électricité.

– M'sieur, vous n'avez pas besoin de vous énerver comme ça. Ch'uis pas votre ennemi, ch'uis un taulard, c'est vrai, mais je n'ai tué ni violé pers…

– J'en ai rien à faire de ce que vous êtes. Pour moi, vous n'êtes qu'un délinquant comme les autres, ni plus ni moins. Et vous n'avez pas à discuter les ordres que je vous donne. Ici, la loi, c'est moi ! Donc, vous me remettez vos chaussures, maintenant !

– Excusez-moi, m'sieur, mais vous êtes un surveillant de prison, vous n'êtes pas Louis XIV. La loi, c'est pas vous. C'est pas parce que vous m'demandez de faire quelque chose que je dois au-to-ma-ti-que-ment m'exécuter : désolé, mais ch'uis pas votre soldat. Si vous demandez de lécher le sol, je vais pas le faire. À vos yeux, ch'uis p't-être qu'un délinquant, mais aux miens, ch'uis d'abord un homme. Or en tant qu'homme, dans notre si beau pays des droits de l'Homme, comme c'est indiqué à l'entrée, j'ai des droits. Et j'ai le droit de savoir pourquoi vous me demandez de vous remettre mes chaussures qui, bizarrement, n'ont posé aucun problème, ni au commissariat, ni au tribunal. Donc, s'il vous plaît, dites-moi pourquoi j'devrais vous les remettre ?

Comme assommé par cette réponse inattendue, surtout sortant de la bouche d'un délinquant de banlieue, le surveillant décroche de ses lèvres le zèle qui y était suspendu :

– Parce qu'elles ont du fer, répond-il, sur un ton vidé de toute autorité, un ton qui frise la timidité.

– Ah bon ? De quel fer vous parlez ? C'est bizarre parce qu'au tribunal, avant d'être amené devant le juge, on m'a passé au détecteur de métaux et mes chaussures, elles sont passées. Mais bon, peut-être que vous avez raison, vous avez l'air si sûr de vous. Ça s'voit que vous vous y connaissez en chaussure. Qui sait, vous étiez p't-être cordonnier dans une ancienne vie. Tenez, montrez-moi où est ce fameux fer, lui dit-il, avec dans le regard l'expression d'une malice faussement candide, en lui tendant, non sans assurance, sa chaussure droite.

– Hmmm, c'est le vide à l'intérieur du talon qui est à l'origine du bruit et qui, du coup, donne l'impression qu'il y a du fer, conclut-il timidement, après examen de la chaussure, tentant ainsi d'étouffer, tant bien que mal, l'humiliation et le ridicule de la situation dans laquelle son zèle l'a entraîné.

La gêne, pour ne pas dire la honte, peut se lire en gros caractères sur son visage, même s'il fait tout son possible pour sauver la face, tentant d'emprunter la mine sérieuse du professeur de mathématiques au lycée Henri IV qui serait parvenu à résoudre une équation à plusieurs inconnues.

– Reprenez votre chaussure et attendez sur le banc. Mon collègue va vous appeler pour la fouille.

Une heure plus tard, après que chaque arrivant s'est vu remettre sa carte d'immatriculation et s'est plié à la si controversée fouille intégrale, les voilà qui se retrouvent à nouveau dans un camion, de plus petite taille que celui qui les avait transportés du tribunal à Fleuryland. Ils sont sur le point connaître leur première nuit au sein du bâtiment D4, celui par où tout le monde passe avant de se voir affecté, dès le lendemain matin, au bâtiment définitif, en fonction de son lieu d'habitation à l'extérieur. Un bâtiment entre les murs duquel se trouve nichée la cellule à partager avec un autre détenu ; ou plusieurs. Car j'ai appris que, faute de places, certaines cellules, faites pour deux corps, devaient parfois en accueillir le double. Certes, c'est toujours mieux que les prisons de Caracas, sauf que le Venezuela ne s'est jamais présenté, à la face du monde et de l'Histoire, comme le pays des droits de l'Homme. Un tel titre oblige un certain standing en termes de traitement de l'humain ; même du plus inhumain des humains.

Le hasard a voulu que, pour cette première nuit, Frédéric partage sa cellule avec un certain Richard. Un jeune de vingt-sept ans qui ressemble comme deux gouttes d'eau à une seringue très usagée.

Ça y est, c'est désormais officiel : en ce jour, Frédéric Nkamwa laisse place au détenu numéro 318 414 C.

Chapitre 2 bis

– ENLEVEZ-LUI les menottes, je vous prie. M. Nkamwa, veuillez vous asseoir.

– Merci, m'sieur le juge.

– Bon. Alors j'ai lu dans votre procès-verbal qu'après avoir été interpellé en possession de quatre virgule cent cinquante-trois kilogrammes d'herbe, à très fort taux de THC, vous avez déclaré que vous vous étiez procuré seul cette marchandise, dans un bar de Bruxelles. Et qu'à la question "Faites-vous partie d'un réseau ?", vous avez répondu par la négative, à savoir que vous meniez votre petite entreprise de façon solitaire. Est-ce bien là ce que vous avez déclaré ?

– Oui, m'sieur le juge.

– Confirmez-vous le contenu de cette déclaration ?

– Oui, m'sieur le juge.

– Bon, je ne vais pas tourner autour du pot. Votre histoire, moi, j'y crois autant que je crois au Père Noël ou à l'histoire de l'homme marchant sur l'eau. Figurez-vous que j'ai travaillé pendant plus de dix ans à Bruxelles. Je suis donc très bien placé pour savoir qu'il est tout bonnement impossible de trouver une telle quantité de drogue, comme ça, dans un bar, comme on trouve un bouquet de fleurs. Je suis prêt à mettre ma main à couper que vous avez un contact sur place. Vous faites forcément partie d'un réseau. Voilà pourquoi je n'ai d'autre choix que de vous placer en mandat de dépôt à Fleury-Mérogis, le temps que vous recouvriez la mémoire et surtout la raison. Et je vous reverrai, dans quelques mois. Signez ici, s'il vous plaît…

– M'sieur le juge, ch'uis désolé si vous ne me croyez pas. Mais je vous dis la vérité.

– Oui, M. Nkamwa, je connais la musique : les prisons sont remplies d'innocents et patati et patata…

– « Ah l'bâtard, i's'fout d'ma gueule, norrrmal. » Monsieur l'juge, j'ai jamais dit que j'étais innocent.

– En même temps, quand on se fait arrêter en possession d'une valise remplie de drogue, on peut difficilement se faire passer pour un ange. Signez également ici, s'il vous plaît…

– « Putain, il est vif c'bâtard d'juge. I'm'laisse même pas l'temps de lui glisser ma disquette. » Je parlais du réseau, m'sieur l'juge. Je vous assure, je n'appartiens à aucun réseau. Ch'uis mon propre réseau, c'est d'ailleurs pour ça que j'ai moi-même fait le voyage.

– Donc, si je comprends bien, vous vous êtes levé un beau matin, en banlieue parisienne, et vous vous êtes dit : “Tiens, si je prenais le Thalys pour Bruxelles, histoire d'acheter quelques kilos de drogue.” C'qui faut pas entendre. M. Nkamwa, vous faites preuve d'une grande imagination. Vous avez vraiment de la chance que le ridicule ne tue pas. Vous savez, ce n'est pas tout d'avoir un cerveau, encore faut-il savoir en faire bon usage.

« Té-ma, c'fils de pute comment i's'fout d'ma gueule. Zarma, tu fais l'mec. Tu t'la racontes parce qu'on est dans ton game de sale Babtou, mais sur la vie d'ma mère que tu f'rais moins l'malin si toi et moi on f'sait une tête. Espèce de tarlouze, va ! Et t'as vraiment cru que j'allais lance-ba mon contact ? J'ai jamais été une lance-ba, et c'est pas aujourd'hui que j'vais commencer à l'être. T'as qu'à m'envoyer au card-pla. Ma peine, j'la ferai sur une beuj ! D't'façon, B2O il l'a déjà dit, Fleury, c'est pas l'bled ou la Turquie. »

– Bon, messieurs, pour ma part, j'en ai fini avec lui, vous pouvez l'emmener. Quant à vous M. Nkamwa, prenez le temps de réfléchir. C'est un conseil. Car, contrairement aux autres qui n'ont aucun diplôme, vous, avec votre bac S, vous avez la possibilité de faire quelque chose de votre vie. Elle n'est pas encore totalement gâchée. Mais ça va dépendre de vous, et de personne d'autre. À vous de faire le bon choix : entre jouer au caïd en carton ou devenir un homme responsable, déterminé à se racheter auprès de la société et à se donner une chance de réussir sa vie, c'est à vous de voir quel chemin vous voulez emprunter. Je vous laisse quatre mois ; tâchez d'en tirer profit pour vous remettre en question. Rester prisonnier des codes de la rue ne vous mènera nulle part, sinon dans le ravin. Croyez-moi ; allez, au revoir.

– Au revoir, m'sieur le juge. « Genre après t'être foutu d'ma gueule, maint'nant tu m'fais des compliments. Des barres ! Wesh, tu t'es pris pour le renard et tu m'as pris pour le corbeau tarrh La Fontaine ou quoi ? Sale fils de lâche. Vas-y, fonce dans l'mur. Pas besoin d'attendre quatre mois, mon choix est fait : j'préfère garder mon honneur. Mais vous les cé-fran, depuis que vous avez baissé votre froc devant Hitler, l'honneur, vous savez plus c'que c'est, vous croyez que c'est une marque de savon ! »

– M'sieur, vous pouvez m'expliquer un truc que je ne pige pas : vous avez un bac scientifique ?

– Oui… « Wesh, qu'est-ce qui m'veut lui aussi, i'va pas s'y mettre. »

– Un bac que même mes enfants n'ont pas décroché. Et au lieu de vous concentrer sur vos études, vous avez préféré prendre le risque de tout gâcher ; voilà c'que j'ai du mal à comprendre. Parce que d'habitude, quand on arrête un dealer, il n'a rien d'autre que son trafic dans la vie : il a arrêté l'école tôt, il est sans diplôme, sans qualification et il ne veut pas aller porter des cartons à quatre heures du matin au marché de Rungis, c'que j'peux comprendre, même s'il n'y a pas de sot métier. Alors que vous, c'est différent, vous n'avez pas vraiment d'excuse. Vous avez joué avec le feu et pourtant rien ne vous obligeait à le faire. Et puis, vous avez pensé à vos parents un peu ?

– « Ah l'gendarme, i's'la joue donneur de leçon, genre "j'vais t'apprendre la vie, mon p'tit". Wesh, qu'est-ce qu'il leur arrive aujourd'hui. Et puis, d'où i'm'parle de ma famille c'fils de lâche ? La vie d'ma mère, les gens c'est des ouffff, wallah. » Vous savez, m'sieur, faut pas croire : c'est pas parce qu'on a le bac S que ça y est, on n'est plus dans la merde. Pour le moment, le bac, c'est qu'un bout de papier, c'est pas avec ça que j'peux me mettre frais, que j'peux me mettre bien avec une douce, l'amener au resto, au cinoche, lui acheter des p'tits trucs pour la faire kiffer. C'est pas avec ça que j'peux passer mon permis, ou que j'peux offrir des cadeaux à ma famille pour Noël par exemple. Vous savez, m'sieur, dans nos quartiers, c'est pas comme dans les zones pavillonnaires ; chez nous, c'est pas les parents qui donnent de l'argent aux enfants, ce sont les enfants qui en donnent aux parents. Alors c'est sûr, c'est pas bien de vendre de la drogue. Sauf que s'il n'y avait pas de clients, on n'en vendrait pas. Et les clients, ce sont vos enfants, ce sont les enfants des juges, etc. Attention, ch'uis pas en train d'vous dire que ce n'est pas d'ma faute, que c'est d'la faute du système. Pas du tout, j'fais pas ma victime. Moi, ch'uis un bonhomme, donc j'assume c'que j'ai fait. Mais s'il vous plaît, croyez pas qu'on se met à dealer juste parce qu'on veut rouler en BM, avec une chaîne en or autour du cou et qu'on veut pas faire des tafs de merde, des tafs que personne veut faire à part les blédards, j'vous jure que c'est plus compliqué que ça, m'sieur. « Pohpohpoh ! Il était pas prêt l'gendarme, comment j'l'ai enchaîné, j'ai mitraillé façon Mohammed Ali, si si chacal ! Ch'uis un bon… »

– Je vois. En résumé, si je vous comprends bien, c'est de votre faute, mais c'est pas vraiment de votre faute, c'est ça ? Ah les jeunes, vous me faites trop rire. En tout cas, j'espère qu'un jour vous comprendrez que, dans la vie, il y a des règles, et qu'il faut les respecter, sinon ça devient l'anarchie.

« Ah l'bâtard, i'fait l'mec qui a rien compris. C'est toujours pareil avec les Babtous : ils vivent à l'aise dans leur baraque, ils en ont même une deuxième, calée à gauche, qu'ils utilisent seulement de temps en temps. Ils ont touché un héritage de papa-maman qui les a mis bien, et après ça ils viennent nous dire : "Eh vous, les Noirs et les Arabes, fermez vos gueules, trimez comme des esclaves dans nos entreprises, ramassez les miettes qu'on accepte de faire tomber de notre table, car ça aura toujours le goût d'un buffet comparé à ce que vos cousins et cousines du bled ont à manger. Estimez-vous heureux d'être là, chez les riches, chez les Blancs plutôt qu'au fin fond de votre pauvre bled pourri." Des règles à respecter qu'il me dit : comme s'il n'y avait que les jeunes des quartiers qui font des sauts périlleux au-dessus des règles, alors que tous les jours à la télé, on voit des scandales politiques. Mais comme c'est entre Blancs, ça passe. Sur la vie d'ma mère, des vrais fils de pute de racistes ! »

– Allez, M. Nkamwa, pensez à ce que je vous ai dit, c'est pour votre bien. Ça se voit, vous n'êtes pas méchant, mais vous devez vous ressaisir avant qu'il ne soit trop tard. Et qui sait ? Peut-être que pour vous, la prison, ce sera un mal pour un bien.

– Ouais, qui sait ? « Enfin une parole sensée ! Si tu savais, mec, Dieu est de mon côté, Il sait pourquoi Il me ramène à Fleury. T'inquiète pas pour moi, même si ch'ais pas encore quoi, ch'ais qu'il n'y a que du bien qui m'attend là-bas. »

– C'est tout le mal que je vous souhaite. Allez, vous voilà arrivé en cellule, des collègues ne vont pas tarder à venir vous chercher pour vous amener à Saint-Geneviève-des-Bois. Au revoir, et bon vent, comme on dit.

– Merci, m'sieur. « Bon, ça s'voit dans ses yeux qu'il ne fait pas partie des fils cachés de Le Pen ; ça s'voit qu'il me veut du bien, il arrive même pas à dire que j'vais dormir au card-pla, il préfère dire qu'on va m'amener à Saint-Geneviève comme si on m'amenait à l'église. Non, ça se voit qu'il n'a pas l'seum contre ma tête grainée à la Wu-Tang, même si ch'uis pas sûr qu'il kiff'rait que sa fille sorte avec moi et mange un coup de rein d'un bonobo. Bref, i'faut que j'médite tarrh Bouddha. »

– Messieurs, préparez-vous pour le départ.

– Eh m'sieur, vous êtes sérieux là ? D'puis t'à l'heure on est prêt, wesh ! Sur le Coran d'la Mecque, vous nous faites galérer de ouf.

– Du calme ! Si vous n'êtes pas content, c'est pareil. Il fallait y penser avant de faire vos conneries. Au cas où vos parents ne vous l'auraient pas appris, dans la vie, comme on fait son lit, on se couche.

– Carrément, ça parle des parents ! Sur la vie d'ma mère, il a trop pris la confiance là-çui.

– Vas-y, te prends pas la tête, ça s'voit que c'est une ancienne victime et que maintenant, comme il est en uniforme, i'fait l'malin en mode vengeance. Il a dû manger trop de gifles au collège.

– Eh m'sieur, on sent que vous n'avez jamais dormi à deux sur un lit superposé. À peine vous avez fait votre lit que votre p'tit frère vient y foutre le z'beul façon tornado.

– Oui, oui, pour donner des excuses, vous êtes les champions. Mais pour donner l'exemple à vos petits frères, justement, là, y'a plus personne. Vous savez, vous n'êtes pas les seuls à avoir connu la misère. Et quand je dis misère, c'est relatif. Allez voir comment vivent les jeunes dans nos bourgades, dans nos campagnes, ou demandez à vos cousins du pays, ils vont vous expliquer, c'est quoi la vraie misère, quel goût ça a vraiment. Parce qu'au moins, vous, contrairement à eux, vous avez la chance d'avoir un lit, un toit chauffé, de l'eau potable. Et malgré tous ces avantages, vous trouvez quand même le moyen de vous plaindre, de ne pas être contents. C'est extraordinaire. Alors qu'eux, d'avoir tout ça, ils en rêvent ! Ils en rêvent tellement que beaucoup sont prêts à risquer leur vie en traversant la mer sur une pirogue.

– Wesh, m'sieur, pourquoi vous m'comparez aux blédards ? Moi, ch'uis né et j'ai grandi ici, j'ai rien à voir avec eux. Eux, on leur a jamais dit qu'ils étaient libres et égaux ; eux, ils voient pas leurs parents se faire piétiner par des fils de pute de prof juste parce qu'ils parlent pas très bien le çé-fran tarrh Molière ; eux i'connaissent pas l'hiver, quand les moins dix degrés viennent vous fouetter les côtes et vous geler le cœur. Sérieux m'sieur, vous pouvez pas comparer. C'est comme si on comparait une Rolls et un carosse. Wesh, c'est pas logique, les deux ne vivent pas dans le même monde. Faut comparer ce qui est comparable, m'sieur. On compare une Rolls avec une Bentley ou une Lambo.

– Wesh, re-frè, tu viens d'où ? « Ch'ais pas d'où il sort ç'ui-là mais, j'avoue, il est vif le bougre. Le keuf, miskine, il était pas prêt. Dans l'ghetto, y'a pas que des chiens d'la casse, y'a pas q'des te-bê ! Y'a plein de p'tits cerveaux en or, et c'est pas du plaqué ! Des cerveaux vifs comme l'éclair, aussi vifs que celui de Jamel Debbouze. Et s'ils ont arrêté l'école, c'est pas parce que c'était trop dur pour eux ou ch'ais pas quoi. C'est juste que, pour nous, la rue, c'est la chambre qu'on n'a pas eue : c'est notre espace rien qu'à nous. On peut y faire c'qu'on veut, personne n'est là pour nous crier dessus ou nous mitrailler de gifles comme à la maison, sauf quand on est une victime ; personne n'est là pour nous donner des ordres, comme à l'école. » Ah, m'sieur, ça s'voit que vous n'étiez pas prêt. Le p'tit reuf, il vous a pris d'vitesse. Au moins, maintenant, vous savez que derrière un délinquant du ghetto, il n'y a pas toujours un sauvage, et qu'il peut y avoir un cerveau qui tourne comme un moteur de Ferrari.

– Ah les jeunes, toujours à vouloir nous prouver quelque chose, à faire les malins, à bomber le torse, à se prendre pour des lumières, à se croire plus intelligents que les adultes. Mais curieusement, quand vous vous retrouvez devant la juge, les lions que vous êtes se transforment en bons p'tits châtons. Vous êtes drôles avec vos jeux de rôle, à mourir de rire !

– Oh, m'sieur, ça lâche des rimes. Siiii si. Vous voulez vous lancer dans l'rap, ou quoi, wesh ? Ah ouais, maint'nant qu'y'a Eminem, le rap, c'est plus interdit aux Babtous !

– Elle est bonne celle-là, m'sieur, non ? Même si on n'est pas du même côté des barreaux, on peut gol-ri ensemble.

– J'dois reconnaître que c'était drôle. Je tiens malgré tout à vous signaler qu'on n'a pas attendu Eminem pour voir un Blanc rapper. Kool Shen, Rocca, ça ne vous dit rien ? Ah les jeunes ! Bon, vous êtes prêts ? Désolé de devoir jouer les rabat-joie, mais je ne fais qu'accomplir la tâche pour laquelle je suis payé.

« Ça y est, nous voilà sur la route censée nous mener en enfer. J'ai hâte de savoir ce que le Divin me réserve. Ah putain, j'aurais quand même bien aimé mettre un coup à cette Vanessa, elle est troooop bonne, sa mère. Whallaïe ! depuis l'temps que j'la pistais, là j'avais enfin réussi à lui envoyer une disquette, propre, fluide, à prendre son numéro, putain, là c'est dead ! Et j'avais aussi d'autres dossiers à gérer. P't'être que tous ces culs s'ront toujours là quand j'sortirai. Bref, nique sa mère! Ça sert à rien de penser à ces salopes. Y'en aura d'autres. Je f'rais mieux de penser à mon avenir, à mes cours. Heureusement, j'suis bé-tom avec un livre de maths… et l'commissaire a été cool : il m'a laissé mes cinq cents euros. Il aurait très bien pu jouer au rageux, les mettre sous scellés ou les glisser dans sa poche gauche, en mode ni vu ni connu. Ça, c'est encore un coup du Divin : me faire débarquer à Fleury en mode pacha. J'vais pouvoir commander direct deux trois trucs, du sucre, du papier, des stylos, des timbres. Du coup, j'vais atterrir en cellule tel le bisou d'une maman sur le front de son bébé, en douceur ; ça n'sera pas trop hardcore comme la dernière fois où j'avais été forcé de goûter à la désert-attitude pendant deux semaines, façon légionnaire. Bon certes, avec toutes les gard'av que j'avais mangées, j'avais déjà de la bouteille, mais c'était quand même hardcore de chez hardcore. Alors que là, grâce à Dieu, j'vais atterrir direct dans une oasis au milieu du Sahara. Ouais, un vrai pacha! Siiii si Divin, si si. Ah là, j'crois qu'on arrive, le camion ralentit, ça sent l'corbeau et le rat mort. Ouais, on est arrivé! Fleury, me voici, ça faisait longtemps. »

– Messieurs, la sortie se fait dans le silence, s'il vous plaît.

– Monsieur, vos chaussures, vous allez devoir les laisser là. Mon collègue va vous remettre une autre paire, plus adaptée.

– Merci, m'sieur. Mes chaussures ? Je dois les laisser là ? « Qu'est-ce qu'i'raconte, là-çui ? » Pourquoi ? Qu'est-ce qu'elles ont fait, wesh ?

– Déjà, vous allez commencer par me parler sur un autre ton ! Ici, on n'est pas dans votre cité ; ici, il n'y a pas de "wesh" qui tienne. Compris ? Vous enlevez vos chaussures, et vous ne discutez pas. Au cas où vous ne l'auriez pas encore bien intégré, ici, on n'est pas au festival de Cannes.

– « Genre, tu fais l'vé-nerrr avec ton corps de lâche. » M'sieur, vous n'avez pas besoin de vous énerver comme ça. Ch'uis pas votre ennemi, ch'uis un taulard, c'est vrai, mais je n'ai tué ni violé pers…

– J'en ai rien à faire de ce que vous êtes. Pour moi, vous n'êtes qu'un délinquant comme les autres, ni plus ni moins. Vous n'avez pas à discuter les ordres que je vous donne. Ici, la loi, c'est moi ! Donc, vous me remettez vos chaussures, maintenant !

– « Sur la vie d'ma mère, c'est un vraiment ouf, c'fils de pute. I'croit qu'il peut faire l'mec qui donne des ordres gratis, comme si on était à l'armée et que j'étais son putain de soldat, ou comme si on était dans un champ de coton et que j'étais son putain d'esclave. T'es mal tombé mon pote ; sur la vie d'ma mère, t'es très très mal tombé, tu m'as confondu avec ch'ais pas qui parce que, moi, ch'uis pas ta victime. J'vais t'apprendre pourquoi la carte de crédit la plus puissante, c'est la Black card, ouais j'vais t'apprendre le Black power, j'vais t'faire découvrir la Malcolm-X-réaction, espèce de sale boloss, va. » Excusez-moi, m'sieur, mais vous êtes un surveillant de prison, vous n'êtes pas Louis XIV. La loi, c'est pas vous. C'est pas parce que vous m'demandez de faire quelque chose que je dois au-to-ma-ti-que-ment m'exécuter : désolé, mais ch'uis pas votre soldat. Si vous demandez de lécher le sol, je vais pas le faire. À vos yeux, ch'uis p't-être qu'un délinquant, mais aux miens, ch'uis d'abord un homme. Or, en tant qu'homme, dans notre beau pays des droits de l'Homme, comme c'est indiqué à l'entrée, j'ai des droits et j'ai le droit de savoir pourquoi vous me demandez de vous remettre mes chaussures qui, bizarrement, n'ont posé aucun problème, ni au commissariat, ni au tribunal. Donc, s'il vous plaît, dites-moi pourquoi j'devrais vous les remettre ? « Ouh là là ! il était pas prêt : j'lai rafalé sa mère. Genre le mec, i's'est pris pour le bouclier de Jules César, j'l'ai transformé en passoire de Maïté, vite fait bien fait et sans insulte, que du lourd, que de la rafale verbale, que de l'argumentaire en mode diplomatique. I'croyait quoi, c'bâtard ? Que j'avais pas été à l'école ? Que j'avais du sang de Kunta Kinté qui coule dans mes veines ? Que ch'ais pas être civilisé ? Sale fils de truie, va ! Moi, j'baisse la tête devant personne. Sale fou, va ! En plus, j'ai un bac scientifique, la putain d'ta mère, un bac que même si tu révisais pendant cinquante ans, tu n'arriverais pas à l'décrocher, espèce de cerveau creux, espèce de fromage fondu dans le cul d'une vache folle ! Et ch'uis sûr que j'connais mieux l'histoire de France que toi, espèce de Jacouille-sans-couilles, va. Putain, j'lui aurais bien caressé la mâchoire avec deux trois patates façon Tyson. C'est pas grave, j'lui ai quand même bien fracassé la tête, putain, il m'a zarefff ! »

– Bonsoir, monsieur…

– Bonsoir m'sieur, c'est le moment tant attendu, si je comprends bien ? C'est l'heure de la très glorieuse fouille intégrale : conçue pour faire comprendre au taulard qu'il doit dire adieu à sa dignité et qu'il est revenu à l'état d'animal, c'est ça ?

– Non, monsieur, ne voyez pas les choses comme ça. C'est juste une formalité. Dites-vous que c'est un peu comme à l'armée. Et puis, c'est pas comme si j'effectuais la fouille en présence d'autres personnes ; il n'y a que moi.

– « Bon, lui, on dirait qu'il est différent : il a pas l'air d'être un putain d'esclavagiste comme son putain de collègue. Il a l'air de me respecter. En tout cas, s'il me méprise, ça s'voit pas. » J'peux vous poser une question ?

– Allez-y.

– Si les surveillants de prison étaient les seuls à voter, Le Pen, il serait élu président dès le premier tour, non ?

– Pourquoi vous dites ça, monsieur ?

– Vous savez très bien pourquoi je dis ça, m'sieur. Regardez comment votre collègue m'a parlé : comme si j'avais violé tout son arbre généalogique, alors que je ne lui avais lâché aucun regard façon caille-ra. Je lui ai bien parlé et lui, il a cru que j'étais son chien et que j'allais lui obéir, normal, sans broncher.

– Je comprends ce que vous dites. Mais vous savez, s'il y a bien une chose que la vie m'a apprise, c'est qu'il ne faut jamais généraliser. Des racistes, il y en a partout. Et moi, j'peux vous dire que des Noirs racistes anti-Blancs, ça existe aussi. J'ai beaucoup de collègues qui peuvent en témoigner. Mais ça, on n'en parle jamais…

– Des Noirs racistes anti-Blancs dans un pays dominé par les Blancs, c'est une blague m'sieur ? C'est comme si vous accusiez des Noirs américains d'être des racistes anti-Ku Klux Klan ? M'sieur, moi j'appelle pas ça du racisme, mais de la légitime défense, non ? Sérieux, m'sieur, dans l'histoire qui a attaqué en premier ? Qui a esclavagisé qui ? Qui a colonisé qui ? Non, m'sieur, soyez sérieux. Ch'ais, vous devez défendre votre uniforme, mais quand même.

– Vous pouvez vous retourner, s'il vous plaît, soulever les pieds, vous mettre accroupi et tousser, merci. C'est bon, vous pouvez vous rhabiller. Pour répondre à votre question, je ne dis pas que les Blancs de France sont blancs comme neige, mais moi, par exemple, ce n'est pas moi qui ai mis les Noirs en esclavage, ce n'est pas moi qui les ai colonisés, je n'y suis pour rien. Alors pourquoi c'est moi ou mes enfants qui doivent payer la note ? Je suis responsable de mes actes, au pire, de ceux de mes enfants ; mais je ne suis pas responsable des actes commis par mes parents ou par mes ancêtres. Et quand je dis ancêtres, je parle d'ancêtres-de-couleur. Vous n'êtes pas d'accord ?

– « Là, j'avoue, il a pas tort, l'bâtard. » Mouais… J'vois c'que vous voulez dire, mais le problème, c'est que dans l'regard de beaucoup de Blancs, même s'ils ne l'disent pas, on sent qu'ils sont fiers de ce passé. Regardez c'fils de pute de Michel Leeb – excusez-moi pour l'insulte, mais lui, il la mérite – vous vous souv'nez de son sketch avec les narines en mode lunettes de soleil ? Vous vous souv'nez quand il faisait le singe ou quand il faisait son "goulou goulou dans la case" ? Lui, il nous insultait à la télé, tranquille, entre deux fous rires, devant des milliers de collègues blancs, et pas un seul s'est levé pour dire que ce qu'il faisait c'était pas bien, pas un lui a dit que c'était un vrai manque de respect. Et vous vous souv'nez de l'autre bâtard de Chirac, quand il a parlé du bruit et des odeurs ? Ça aussi, c'était un truc de ouf. Avec ça, à l'école, tous les jours, on se fait disquetter genre « Mathieu, Mamadou et Mohammed, tenez-vous par la main, vous êtes égaux. » Comment vous voulez qu'ensuite, nous, on n'ait pas un seum-de-fou-malade. Obligé, on a envie de s'venger et d'aller faire la hagar aux p'tits Babtous qu'on croise sur notre route. C'est normal, c'est d'la pure logique même.

– Ça s'discute. Sauf qu'il existe plusieurs façons de se venger. Regardez les Juifs, eux aussi, les Blancs les ont fait souffrir, et pas qu'un peu. Pourtant on ne les voit pas racketter les petits François à la sortie des écoles. Eux, leur vengeance, c'est par leur réussite qu'ils l'obtiennent.

– Là, m'sieur, ch'uis d'accord avec vous. D'ailleurs, j'me demande bien quel est leur secret.

– En tout cas, si un jour vous parvenez à le percer, je compte sur vous pour venir me le souffler, histoire que je me fasse une petite place au soleil. Ce n'est pas parce qu'ils ont connu l'enfer hier qu'ils doivent aujourd'hui être les seuls à connaître le paradis, vous n'êtes pas d'accord ?

– M'sieur, vous faites gol-ri. En vrai, vous aussi, vous êtes un ouf !

– Allez, au revoir, monsieur, bon courage. Et surtout, bonne continuation dans vos études.

– Merci, m'sieur, au revoir. « Sacré Gaulois, va ! »

« Le D4, nous y sommes. »

– « Putain, c'est qui ce shlag ? J'espère qu'il va pas faire l'fou durant la nuit. » Au fait, c'est quoi ton blase ?

– Richard. Et toi ?

– Frédéric. « Putain, il a vraiment une gueule de toxico. On dirait qu'il est né en faisant une overdose. » Ça t'dérange si j'prends le lit du bas ?

– Non, vas-y. Perso, j'm'en bats les couilles. Pour moi, c'est du pareil au même. Que j'dorme en haut ou en bas, ça n'change rien, j'dors en prison.

– Ah, j'avoue. « Sauf que d'en bas, si tu fais l'fou, j'peux te voir venir. Y'a moins de risque que ch'ois pris par surprise. I'paraît que les toxicos, ils adorent attaquer en traître. »

– Bonne nuit, Frédéric.

– Merci, Richard. On va essayer. Toi aussi, bonne nuit. « Bon, Divin, ça y est, j'y suis. Mon aventure commence. Je sais que Tu sauras m'guider pour que j'en capte le sens. Ouais, j'en suis sûr, mais tarde pas trop quand même, s'te plaît. » *« Nian nian nian, t'es toujours aussi naïf à ce que je vois : à part moi, il n'y aura personne pour te guider. »* « Wesh, c'est qui là ? Putain, j'perds la tête ou quoi ? »

Chapitre 3

Le mois de juin s'apprête à faire son entrée ; et ce, sous une température torride. Les deux mois qui viennent de filer n'auront pas suffi à faire revenir Frédéric sur sa décision de partager sa cellule avec le détenu en compagnie duquel il avait passé sa première nuit : Richard. Lequel n'a, il faut bien le dire, rien d'un cœur de lion.

Du haut de ses vingt-sept ans, il ne présente pas les critères du compagnon de route idéal, sauf sur la route qui mène tout droit en enfer. Il incarne l'exclusion dans ce qu'elle offre de plus éclatant : déscolarisé dès l'âge de dix ans, la trame de son destin est vite devenue celle d'une ombre. Les informations dont je dispose sur son parcours sont formelles : l'errance d'aventures en aventures, de délit en délit, de gyrophare en gyrophare, de larcin en larcin et d'incarcération en incarcération, ce Richard Darmon n'aura rien connu d'autre de la vie. À ce jour, le nombre de ses incarcérations s'élève à sept. Comme le nombre de rails de cocaïne qu'il sniffait chaque heure à l'époque où ses larcins, aussi juteux qu'un panier rempli de raisins, lui assuraient un train de vie enviable.

Cette période-là, où ses narines ressemblaient à s'y méprendre à celles d'un trader de Wall Street du type Jordan Belfort, est désormais bien lointaine, perdue dans les méandres de sa mémoire poreuse. Oui, elle est un vague souvenir que les années sont venues recouvrir de poussière. Aujourd'hui, Richard connaît une vie qui n'a plus rien de commun avec son ancienne vie d'Arsène Lupin. Présentement, il a tout d'un solide junky. Son regard d'esclave-de-la-drogue ne s'illumine que lorsque le Subutex berce ses neurones ; un produit qu'il reçoit des mains de l'administration. À petites doses. À trop petites doses à son goût, c'est en tout cas ce que son comportement nous permet de déduire. Car, depuis le début de son incarcération, il a trouvé le moyen de combler cette insuffisance en troquant ses baskets neuves et une veste, également neuve, contre quelques doses supplémentaires. Il suffit de le regarder, de l'examiner des pieds à la tête, pour comprendre que la dépendance à la drogue est une prison autrement plus dévastatrice que celle faite de pierres et de barreaux, quand bien même il s'agirait des pierres qui composent l'enfer de Cayenne, d'Alcatraz ou de Robben Island.

Dans la cour de promenade du bâtiment D3, immense bloc de pierres atones connu pour concentrer tous les multirécidivistes que compte la prison, tous les amoureux de la violence-crue-et-sans-retenue, tous les passionnés de la balafre et des sourcils froncés, tous les derniers de la classe qui ont très tôt eu davantage d'affinités avec l'école buissonnière qu'avec celle que je mets pourtant gracieusement à leur disposition, Richard traîne son âme-asséchée. Il marche tête baissée. Ses yeux semblent peser une tonne chacun, ils parcourent le sol à la recherche de je ne sais quoi. Une chose est sûre : aucun détenu ne lui accorde la moindre attention. Il n'a rien d'appétissant à livrer au regard extérieur. Il n'est plus qu'un chiffon d'homme, un chiffon ambulant et parfaitement invisible. Rien d'étonnant ; combien de fois ai-je pu remarquer que, dans cette partie du monde dominée par l'individualisme, si le bonheur attire les regards – pas toujours les plus bienveillants – le malheur, lui, les repousse tous. Sans doute est-il jugé trop contagieux. Ou trop laid…

Au fond, Richard est une sorte de mini trou noir qui avance dans un tunnel sans fin. Il est l'extension du domaine de la déchéance humaine.

Il ne m'aura cependant pas échappé que depuis deux ou trois jours, dès qu'il s'apprête à remonter en cellule, une lueur d'espoir s'allume sur le sombre masque qui lui tient lieu de visage. Je donnerais cher pour savoir ce qui se cache derrière cette lueur. Serait-ce l'idée de retrouver son lit dans les bras duquel il pourra interrompre tout effort physique, en y étalant la carcasse éreintée qui lui sert de corps, au même titre que les acteurs de cinéma se plaisent à étaler leur égo sur le tapis rouge de la cérémonie des Oscars, devant les caméras du monde entier ou au même titre que la jeunesse qui peuple le D3 croit devoir étaler sa violence sous le préau de cette cour de promenade, à l'abri des caméras ? Seul endroit d'ailleurs où la loi de la jungle s'épanouit en toute impunité, où des feux d'artifice d'hémoglobine jaillissent dans une ambiance de liesse générale ; où, en somme, la sélection naturelle à laquelle je suis un tant soit peu attachée, donne toute sa mesure. Décidément, autre temps, même vérité : dans l'Antiquité, Rome avait son Colisée dans le ventre duquel les gladiateurs étaient invités à faire la démonstration de leur force, de leur courage, de leur virilité. À notre époque, Fleury, imprégné d'un esprit similaire, contient son propre Colisée, le préau du D3, certes moins grandiose que son ancêtre romain. S'y affrontent les gladiateurs des temps modernes : les racailles. Au fond, à bien y regarder, seul l'empereur manque à l'appel.

Mais pour revenir à notre seringue-sur-pattes, serait-ce la perspective de végéter à l'horizontale qui enthousiasme tant Richard, au point de redonner vie à son goût du bien-être sain ? Ou, autre hypothèse, Frédéric serait-il à l'origine de tout cela ? Lui réserverait-il un traitement spécial ? Allez savoir ! D'ailleurs, je me demande comment se déroule leur cohabitation, quelle forme elle prend. Mon petit doigt me dit qu'elle est plus chaleureuse que celle de Giscard d'Estaing avec son Premier ministre, Chirac-le-carnassier.

Tôt ou tard, j'aurai le fin mot de cette énigme. Tout comme je découvrirai qui se cache derrière l'étrange phénomène météorologique qui trône au-dessus de la maison d'arrêt : un épais nuage, aussi immobile qu'a su l'être l'ONU au moment où les Hutus se sont déchaînés sur les Tutsis. Un nuage impénétrable, à cause duquel aucun rayon lumineux ne s'infiltre au sein de l'atmosphère carcérale. C'est bien simple : de l'infirmerie au parloir en passant par la salle de sport, la grisaille est partout ; sur tous les murs, sur tous les visages. Aucun centimètre cube ne lui échappe. Tant et si bien qu'un sourire y apparaît comme une tache de cambouis sur une toile de Rossetti, ou plutôt comme une rose rouge au centre du *Guernica* de Picasso. En clair, comme une véritable anomalie, parfaitement incompréhensible.

Selon mes informations – car j'ai mené ma petite enquête – cela pourrait être le nuage de l'exclusion sociale. Bien que plus consistant, il ressemble à celui que l'on aperçoit flottant au-dessus du cimetière du Père Lachaise ; à moins que ce ne soit à celui aperçu au-dessus de Tchernobyl qui s'était miraculeusement arrêté à la frontière.

Quoi qu'il en soit, ce nuage psychologique fait planer un climat à la fois électrique et radioactif. Le taux de négativité qui s'en dégage transformerait un grain de beauté en verrue, un cygne en corbeau. Raison pour laquelle on trouve – et cela est avéré – plus de corbeaux ici que sur l'ensemble de l'hexagone. C'est d'ailleurs ce qui interpelle lorsqu'on pénètre pour la première fois dans cette bulle carcérale entourée de barbelés : un véritable comité de corbeaux est là pour vous accueillir. Ma foi, c'est toujours mieux qu'un comité de vautours aux griffes et aux dents acérées. C'est ce que je ne cesse de me dire et de me redire, histoire de ne pas voir ma bonne humeur me fausser compagnie. Moi, Marianne de la République, cinquième du nom, je me dois de tout faire pour ne jamais me séparer de ma joie de vivre. Disposition mentale qui, ici, relève presque de l'exploit. À plus forte raison quand les cris viennent s'ajouter à ce triste décor. Et des cris, ce n'est pas ce qui manque dans la plus grande prison d'Europe. Ils font de la nuit leur champ d'expression favori. Tantôt de douleur, tantôt d'effroi, ils perforent la nuit-sans-étoiles-ni-lune-à-décrocher qui enveloppe Fleury, comme les fébriles balles de la police avaient perforé l'antisociale et sanguinaire arrogance du très populaire Jacques Mesrine :

sans pitié ni retenue, comme poussés par une nécessité supérieure. Des cris qui auraient pu trouver leur place dans un film d'horreur, à mille lieues des cris de joie que l'on entend rebondir entre les murs d'une mairie, pendant un mariage. Il est ici question des cris de la solitude subie, échappés de gorges abandonnées par le plaisir de vivre et dont certains résonnent comme un clap de fin prématuré ; puisqu'il ne se passe pas une semaine sans que la faucheuse ne réponde à l'appel d'un détenu décidé à en finir avec sa non-vie, avant que ce ne soit elle qui décide d'en finir avec lui.

L'envie de se suicider, celle-là même qui hanta tant la curiosité intellectuelle de Camus, n'a pas eu la moindre audience dans le cœur de Frédéric. Son destin est l'otage de ce no destiny land depuis maintenant deux mois, mais lorsqu'on prend le temps de poser le regard sur le quotidien carcéral de notre délinquant-au-piercing, on a la drôle d'impression qu'il se nourrit de cuisses de lion, tellement il est animé par une forme olympique, et que, pour lui, la prison a tout d'un Center Parcs où il peut entretenir son corps à loisir. Il faut le voir pour le croire : un jour sur deux, pendant son heure de promenade, il effectue un footing. Il n'est pas le seul à se prêter à cet exercice d'entretien. À la différence que la poignée de détenus qui trouvent la force de s'y livrer se l'imposent durant la promenade du matin. Exclusivement.

Au contraire de Frédéric qui se l'impose l'après-midi ; sous les regards de plus en plus interrogatifs des autres détenus.

Tout aussi étrange, le jour où il ne court pas, il se présente sur son trente-et-un ; pantalon, chemise, veste et chaussures de ville constituent son uniforme. Sans oublier le cigarillo, planté au coin du bec façon mafioso. Il ne manque que la caméra de Martin Scorsese pour mettre la séquence dans la boîte.

La vie est un long-métrage, je le sais trop bien. Mais là, je trouve que Frédéric pousse le bouchon du jeu de rôle un peu loin. Il risque de s'y perdre. Cela dit, c'est peut-être sa façon de fuir la réalité. Une réalité peuplée de barbelés, de corbeaux et de cris nocturnes.

Au moins a-t-il le mérite d'être la touche d'originalité, perchée au milieu de cet enfer à ciel ouvert. Le mènera-t-elle quelque part ?

Chapitre 3bis

« Putain, c'était donc pas un cauchemar. C'est la réalité, réelle : ch'uis vraiment re-bé-tom, ch'uis vraiment au hbess, à ry-Fleu, alors que je devais être en cours de maths, la putain d'sa mère ! Eh, oh, calme-toi Frédo, qu'est-ce qui t'arrive ? T'es un ouf ou quoi ? Wesh ! Tu sais bien que c'est l'Divin qui t'a amené ici, ça veut dire que c'est pour ton bien, tu veux t'la jouer l'mec désespéré ou quoi ? Laisse ça aux fils de lâche, wesh ! T'es un guerrier ou t'es une victime ? Tranquille, reste calme. Hier soir, c'était rien, juste une mauvaise pensée toxique. Regarde, même dans ton malheur, tu as de la chance : t'es bé-tom avec du biff, cinq cents euros, et comme par hasard, t'as ton livre de maths avec toi, c'est pas comme si t'étais bé-tom sans parachute, en mode chien d'la casse. Et puis, c'est maintenant que tu dois prouver la force de ta foi. Eh oui, c'est facile d'avoir la foi quand tout va bien, quand le soleil brille au-dessus de ta tête et que tu sirotes un cocktail au cœur d'une soirée entouré de douces qui se cambrent devant ton sourire charmeur à la Julio Iglesias. C'est quand la tempête te gifle, quand la nuit s'abat sur ce sourire que tu dois te concentrer sur ta foi comme un nourrisson sur le sein de sa mère, ou comme un capitaine de navire sur le phare du port. C'est la base. Surtout quand t'es sûr que Dieu a foi en toi. Combien de fois Il te l'a prouvé ? Combien de fois Il t'a sauvé d'une situation hardcore ? Hein, combien de fois ? Tellement, mais tellement ! Ça veut dire que t'as même pas l'droit de douter. Souviens-toi de cette scène de gue-din dans *La Haine*, quand le vieux sort des lettes-toi pendant que Vince et Hubert sont en train de débattre sur la justice, tout ça. Souviens-toi de la phrase de ouf qu'il leur dit : "Ne vous demandez pas si vous croyez en Dieu, mais demandez-vous si Dieu croit en vous." Toi, cette question, t'as pas besoin de t'la poser, vu que t'as déjà la réponse. Tu sais que Dieu croit en toi. Pour maintenir le doute à distance, t'as qu'à compiler toutes les probas de ta vie : celle d'un re-noi né à Paris alors qu'il aurait pu naître au fin fond de l'Afrique, ajoutée à celle d'un élève qui a eu des facilités à l'école alors que beaucoup d'autres étaient à l'ouest, ajoutée à celle d'un mec qui a connu les embrouilles mais qui s'en est toujours sorti sans une égratignure là où beaucoup se sont retrouvés allongés dans une chambre froide, une étiquette accrochée à leur gros orteil, ajoutée à celle d'un mec qui a fait des dizaines de gardes à vue mais qui a réussi à décrocher son bac scientifique après avoir falsifié ses bulletins de première du lycée Berthelot de Toulouse, des bulletins qui réclamaient sa ré-orientation, ajoutée à celle d'un mec qui a une dareune qui est respectée dans son milieu, en mode Margaret Thatcher, ajoutée à celle d'un mec qui a un daron au sur-top avec autant d'aura que Victor Newman dans *Les Feux de l'amour*, ajoutée à celle d'un mec qui est sorti indemne d'un accident de voiture mortel au point que les témoins ayant vu l'état de la voiture ne voulaient pas croire que c'est toi qui était à l'intérieur, etc. Quand on fait la somme de ces probabilités, ta proba personnelle frôle le zéro et pourtant tu existes en chair et en os. Ce qui veut dire une chose : t'es un miracle-qui-respire, tu fais partie des ultra-privilégiés, bordel ! Donc, tu vas lever ton gros cul de fausse-victime de ce lit et tu vas aller conquérir ton destin, tu vas aller transformer ce cercueil en fusée. Tiens, tiens, il est réveillé celui-là. »

– Salut, Frédéric. Bien dormi ?

– Salut, Richard. Ouais, ça va, j'ai dormi comme un lion qui passe sa première nuit dans une cage.

– J'comprends. C'est la première fois qu'tu bé-tom ?

– Non, même pas, c'est la quatrième.

– T'es comme moi, t'es plus un puceau. Tu sais comment ça marche.

– « Ch'uis comme toi ? T'es un ouf ou quoi, toi ? Comment ça, ch'uis comme toi ? Avec ta gueule cassée à la gainsbarrr, wesh, tu m'as bien regardé : j'ai rien à voir avec toi, moi. Les gens, c'est des ouf, à toujours vouloir s'inventer des ressemblances, des t'es comme moi, on est pareil. » Ça, c'est sûr, ch'uis vraiment pas un puceau, si tu savais. Sauf que j'croyais que j'en avais fini avec la taule.

– On croit tous ça quand on sort, et ensuite, on retombe, comme on retombe amoureux d'une meuf qui nous a fait souffrir mais dont le joli p'tit cul et le regard coquin nous font bander. C'est toujours comme ça avec la vie. Mon rabbin me disait toujours : "Richard, retiens bien une chose : dans la vie, il y a ce que tu veux vivre et il y a ce que tu vis. Il faut se battre pour avoir ce que tu veux, mais il faut encore plus se battre pour vouloir ce que tu vis."

– Ton rabbin ? Comment ça, t'es un Feuj ? « Wesh ! C'est quoi c'délire ? »

– Pourquoi ? J'devrais pas ?

– T'es un ouf, c'est juste que…

– … que quoi ? Tu croyais que la prison, c'était interdit aux Juifs ?

– J'avoue que quand on pense à la prison, on pense pas y voir un Juif. C'est un peu bizarre c'que j'dis, mais c'est comme ça.

– Pourtant, y'a des Juifs en taule. Bon, même si i'faut avouer qu'on n'est pas nombreux. Nous, on préfère aller à la synagogue qu'en prison. C'est plus chaleureux !

– Elle est bonne celle-là ! Mais alors, qu'est-ce que tu fais là ? Y'avait plus d'place à la synagogue ?

– Si, à la syna, y'a toujours d'la place, toujours. Mais, y'a pas d'argent, et moi, ch'uis p't'être un Feuj, mais ch'uis pas Rothschild, et j'ai pas fait d'études. Ça m'soûlait de lire, j'ai jamais aimé ça. Du coup, plutôt que d'aller à la syna, j'ai préféré aller chercher de l'oseille là où il pouvait se cacher et j'ai souvent réussi à en trouver. Mais tu sais c'qu'on dit : "Quatre-vingt-dix-neuf jours pour le voleur, un jour pour le gendarme."

– J'la connaissais pas celle-là, mais j'confirme. « Putain, j'le crois pas ! Quelle était la probabilité pour que je tombe le même jour et dans le même convoi qu'un Feuj ? Et ch'uis sûr que c'est le seul Feuj de la prison. C'est un truc de ouf, ça ! Si Yossi et John me voyaient. Non, Divin, T'es vraiment trop fort, trop trop trop fort ! Toi aussi, comment Tu fais pour être aussi fort ? T'es plus que Divin, t'es super-Divin ! »

– Eh, Frédéric ! J'vois que tu réfléchis, j'espère que t'es pas antisémite ?

– Quoi ? Moi, antisémite ? Si tu savais. Ma première vraie meuf, que j'ai grave kiffée, c'était une Feuj.

– Et alors ? Ça veut rien dire. Il paraît qu'Hitler était juif et qu'il le savait et pourtant ça l'a pas empêché de faire c'qu'il a fait.

– Carrément ! Tu m'compares à Hitler, dès l'matin. J'avoue, t'es dur ! C'est dix fois plus puissant que n'importe quel café. Donc, toi, t'es du genre : "Salut Frédo, bien dormi ? Sinon, Hitler, c'est ton gars sûr ou bien ?"

– Excuse-moi, j'aurais dû attendre le déjeuner avant de te demander ça ?

– Non, j'cogitais parce que j'réalisais que j'étais tombé, comme par hasard, avec le seul Feuj de la prison alors que, dehors, je commençais à me rapprocher du judaïsme.

– Sérieux ? T'es pas en train d'essayer de m'la faire à l'envers là ?

– Non, sur la tête de ma mère, ch'uis grave sérieux. La preuve, l'année dernière j'ai fait kippour. C'était chaud, mon corps a souffert, mais j'ai tenu jusqu'au bout.

– Comment ça, t'as fait kippour ? Tu l'as fait tout seul ?

– Pas tout seul. Ch'uis p't'être un ouf, mais pas à c'point-là. J'l'ai fait chez un ami, avec sa famille, qui m'a un peu adopté. D'ailleurs p't'être que tu l'connais, il s'appelle Joseph Boudara.

– Ah, d'accord. Dis-moi, j'ai un ami black qui s'appelle Christian Tchangou ? Tu l'connais ? Vu que t'es un Black, tu dois sûrement l'connaître.

– J'avoue que ma question, elle est che-lou, mais souvent on dit que les Feujs, ils s'connaissent tous. C'est pour ça que j't'ai posé la question. Bon, j'ai ma réponse. En tout cas, si un jour tu l'rencontres, ça veut dire que t'as d'la chance, parce que c'est un mec en or. Comme tout le reste de sa famille, d'ailleurs. Et son père, c'est un vrai superhéros.

– Mais tu sais, entre nous les Feujs, on passe vite de l'or à l'acier. Entre nous, ce n'est pas toujours l'amour fou. Regarde Judas, il était aussi feuj que Jésus.

– T'as p't'être raison, mais j'ai pas encore vu de guerres de gangs entre Feujs.

– Non, ça c'est parce qu'on n'a pas d'couilles, parce que dans les affaires, j'peux te dire qu'il y a beaucoup de Feujs qui s'font la guerre entre eux. T'as pas vu *La Vérité si je mens* ? À la base, c'est l'histoire d'un Feuj qui carotte un autre Feuj.

– Quoi ? Tu veux dire que les Feujs sont comme tout l'monde ?

– C'est ça. Les Feujs sont comme tout le monde, mais en pire, ou en mieux. C'est notre destin, on est élus dans le bien comme dans le mal. C'est ça l'histoire du peuple juif.

– Wesh, qu'est-ce qui t'arrive ? "C'est ça l'histoire du peuple juif." Tu fais ton rabbi Jacob ou quoi ?

– Ah ! Ah ! Ah !

– « Il est marrant ce Feuj, j'sens qu'avec lui j'vais bien gol-ri, même si c'est un xeu-to ! » Dis-moi, ça t'dirait qu'on demande à être dans la même cellule ? Parce que ch'ais pas pour toi, mais moi j'crois en Dieu et ch'ais que Dieu croit en moi. Ça veut dire que je n'crois pas au hasard dans ma vie. Sauf si t'es un dèp ?

– Un dèp ? C'est déjà pas facile d'être un Feuj, si en plus j'avais été un homo. Regarde Fogiel, il fait tout pour pas q'ça se voit, alors qu'un Black pédé, ça passe : regarde Magloire !

– Si tu veux pas qu'on s'embrouille tout d'suite, toi et moi, s'te plaît, me parle surtout pas de Magloire. Tu peux me parler de tous les Noirs du monde mais pas de Magloire. Chaque fois que j'vois sa sale ganache à la télé, j'en peux plus. J'comprends pas : d'habitude, les pédés, ils sont plutôt beaux gosses, mais il a fallu que l'exception qui confirme la règle ça soit un re-noi. Avec sa gueule de citrouille d'Halloween, il ferait peur à Quasimodo. Sur la vie d'ma mère, ch'uis sûr que lui, c'est l'genre de dèp qui est devenu dèp parce qu'aucune meuf ne voulait d'sa gueule. Du coup, il s'est dit qu'il aurait plus de chance avec ceux qui voudront son cul, son gros cul de nègre. I'paraît que dans l'show biz, y'a trois choses qui ont la super-cote : la bise, tout le monde se fait la bise en entrée ; la coke, tout l'monde sniffe de la poudre en plat d'résistance ; et le bon gros cul de nègre, tout l'monde veut croquer du cul de nègre en dessert.

– Putain ! On dirait un Feuj qui parle d'un autre Feuj. D't'façon, j'avais déjà remarqué qu'entre vous, les Noirs, vous ne vous aimez pas.

– Comment ça, on s'aime pas ? Genre parce qu'on a la même couleur de peau, on doit s'aimer ? Ça veut rien dire. Les Blancs, ils se sont toujours fait la guerre alors qu'ils étaient entre eux.

– C'est vrai, sauf que vous, c'est pas pareil. Ne l'prends pas mal, mais j'ai jamais entendu un Noir dire du bien d'un autre Noir, jamais ! On dirait que c'est interdit. Alors que les Blancs, eux, se jeter des fleurs, ils savent le faire.

– D'accord, ça veut dire que tu n'connais pas du tout, mais alors pas du tout les Blacks…

– Pourtant regarde 2Pac et Biggie, comment ils se détestaient. Ou Malcolm X et Martin Luther King. Ils se détestaient tellement qu'ils en sont morts. Te vexe pas, mais on dirait que vous, les Noirs, vous kiffez tout le monde sauf vous-mêmes. On dirait que vous kiffez vous haïr, que vous kiffez vous autodétruire. Ou alors vous croyez p't'être que, pour briller, il faut éteindre un frère qui brille. C'est quand même bizarre.

– Carrément ! Ça parle d'autodestruction ! « Ah l'bâtard ! Il a pas tort, faut que j'trouve une parade, faut que j'trouve des exemples de re-noi connus qui s'aiment bien. » Mais… « Putain, j'arrive pas à trouver un exemple. Sa mère la pute ! Ah, ça y est. » Qu'est-ce que tu racontes ? D'après toi, Jordan et Magic, ce sont des Chinois ? Michael Jackson et Lionel Richie, ce sont des Roumains ? Sérieux, tu sais pas d'quoi tu parles, la jalousie n'a pas de couleur de peau. « Putain, elle est pas mal celle-là. Qu'est-ce que ch'uis vif, sa mère. I'croyait quoi, le Feuj ? Que j'avais un tracteur à la place du veaucer ou quoi ? I'sait pas que ch'uis un vrai Bam's, que ch'uis encore plus vif qu'un Feuj vif. »

– Pourquoi tu rigoles ?

– Pour rien, c'est ta ganache qui m'fait gol-ri. Ton p'tit sourire a disparu d'un coup. Tu croyais que tu m'avais mis K.O, en mode échec et mat, et puis bim, renversement de situation façon Mohammed Ali face à Foreman.

– Bonjour, messieurs, préparez-vous, je reviens vous chercher dans cinq minutes.

– Bonjour, surveillant. C'est pas bien c'que vous faites : vous nous avez fait sursauter comme des baltringues tel'ment on vous a pas entendu venir. Ok, c'est noté. « Putain, Passi avait raison : le maton nous guette. Sur la vie d'ma mère, j'l'ai même pas entendu, on dirait qu'il est venu sur la pointe des pieds, c'bâtard. » Bon, Richard, on fait comme on a dit : on d'mande à être ensemble ?

– Vas-y !

– Wesh, Richard, elles sont où tes baskets ? Tu t'es fait pouille-dé ou quoi ?

– J'les ai échangées.

– C'est quoi cet échange ? On n'échange pas un château contre une caravane. Wesh, té-ma contre quoi tu les a échangées, même si on m'paie pour les porter, j'refuse direct, y'a pas moyen, sur ma vie, j'préfère marcher pieds nus à la Yannick Noah. D'ailleurs, ç'ui-là, i'nous a mis la tête sous l'eau avec son délire de pieds nus ambiance saga africa tarrh la brousse : genre, nous, les re-noi, on est les seuls humains à être plus à l'aise pieds nus qu'avec des chaussures, comme les animaux. Non, sérieux, qu'est-ce qui s'est passé ? Regarde-moi. Ah, ça y est, j'ai compris : t'as rechuté ! Tu les as échangées contre ton putain de Subutex. Putain, sur la vie d'ma mère, tu déconnes. C'est pas toi qui m'as dit que tu voulais arrêter ?

– Ouais, ch'ais, ch'uis nul, ch'uis trop nul. Excuz Fred, mais ch'uis qu'une merde, une grosse merde.

– « Miskine, regarde-le. Putain, i'm'fait d'la peine. Sale putain de drogue de merde. » Qu'est-ce tu racontes ? T'es un ouf. De quelle merde tu parles ? C'est parce que t'as rechuté que ça veut dire que tu ne peux pas te relever ? On est des guerriers ou on n'est pas des guerriers ?

– On est des guuuu…

– J'entends pas : on est des guerriers ou on est pas des guerriers, putain ?

– C'est toi l'guerrier. Moi, ch'uis qu'un tas de merde.

– Donc tu m'respectes pas.

– Comment ça ? Bien sûr que j'te respecte.

– Non, tu m'respectes pas. Si tu m'respectais vraiment, tu dirais pas ça, parce que dans la vie, qui se ressemble s'assemble. Or on s'est assemblés, on a décidé d'être ensemble dans la même cellule, non ? Personne nous a forcés à le faire, ou bien ?

– C'est vrai, t'as raison. Mais regarde-moi…

– Justement, j'te regarde et la seule chose que j'vois, c'est quelqu'un de déterminé qui a juste fait une petite rechute.

– Ça fait dix ans que je n'arrête pas de chuter et de rechuter.

– C'est pas toi la dernière fois qui… C'était quand déjà ? Avant-hier, j'crois, c'est pas toi qui m'a dit que c'était la première fois de ta vie que tu voulais vraiment, mais alors vraiment, arrêter la drogue ? C'est toi ou c'est pas toi ?

– Si, c'est moi.

– Ben alors ? De quoi tu parles, là ? Le déclic du vrai changement, tu l'as eu. Aujourd'hui, c'est le Subutex qui t'fait dire d'la merde, c'est lui qui veut te ramener en arrière. Mais il n'y arrivera pas. T'inquiète pas, on est ensemble. À deux, on va lui baiser sa mère à c'fils de pute de Subutex, i'croit qu'il est plus fort que deux guerriers comme nous, ou quoi ? Wesh ! Nous, on n'est pas des p'tites putes, on n'est pas des Ophélie Winter ou des Steevy, nous, la guerre, on va la faire ! Et tu peux m'croire, on va la gagner. Oui, on va la gagner. Et tu sais pourquoi ?

– Non, pourquoi ?

– Parce qu'on a la chance d'avoir la plus puissante des armes : Dieu ! On sait qu'Il est avec nous. Regarde, depuis qu'on est là, Il n'a jamais été absent. Ça fait presque deux mois et, pour nous, les choses se sont déjà mises en place en mode V.I.P. Normal'ment, il faut au moins trois mois pour voir le dentiste, et moi j'ai attendu que trois semaines, pareil pour l'accès à la bibliothèque, on peut déjà y aller. Et t'as vu les livres qu'on a récupérés ? Du Platon, du Victor Hugo, surtout celui sur Nietzsche, t'as vu comment son “ce qui ne me tue pas me rend plus fort” nous a dopés façon Richard Virenque dans le tour de France. Grâce à ce génial moustachu allemand, on est prêt à avaler la montagne comme si c'était un dos d'âne. T'es pas d'accord ?

– Si, j'avoue, mais j'te'jure Fred, c'est dur.

– Heureus'ment que c'est dur, sinon ce s'rait pas drôle. On reconnaît les vrais guerriers dans les vraies guerres, pas dans les p'tits combats de bac à sable ou dans les batailles d'oreiller. Regarde Michael Jordan, il est devenu Jordan-the-big-Warrior quand il a gagné la guerre contre les gladiateurs de Détroit, et quand il a fait mordre la poussière aux mecs de New York. Ben ouais, c'est parce qu'il les a tous battus que Jordan est devenu le patron, c'est parce qu'il n'a jamais lâché l'affaire, après chaque défaite il revenait encore plus fort. Mais c'est d'abord et surtout parce que Dieu était son gars sûr. Il était encore à l'université, inconnu parmi d'autres inconnus, tête grainée parmi d'autres têtes grainées et, lors du match le plus important – la finale du tournoi universitaire – la balle est arrivée dans ses mains à moins de vingt secondes de la fin. Et là, il n'a même pas réfléchi, il a pris le tir à trois points sans trembler, comme s'il avait fait ça toute sa vie, et il a réussi le panier en mode sniper du GIGN, tellement son tir était précis. Et à partir de ce moment-là, il savait que son destin était une destinée…

– Ouais, mais ch'uis pas Jordan, à part le vol, j'ai pas de don, alors que toi, on sent que t'as un truc. Pas moi.

– « Ah putain, la drogue, elle est tenace cette pute, elle lâche pas l'affaire. Mais t'inquiète, sale drogue de merde, tu sais pas qui ch'uis, si t'es un pit-bull, moi, ch'uis un tyrannosaure ! » Comment ça t'as pas de don à part le vol ? Qu'est-ce que tu racontes ? D'abord, comment tu peux savoir ? Qui te dit que ton don ne t'attend pas en haut de la montagne ? C'est pas Moïse qui a dû monter en haut d'une montagne avant d'avoir les dix commandements ? Regarde-moi, tu dis q'j'ai un truc mais j'ai pas encore trouvé mon don. Ah ouais frère, crois pas que j'ai des ailes et que j'te dis de voler alors que ch'ais que t'en a pas. Non, nos ailes sont là, c'est sûr, on va les trouver ! Elles nous attendent planquées au chaud en haut de la montagne. I'faut juste qu'on arrive en haut de cette putain de montagne et qu'on les cherche, et quand on les aura trouvées, on va se les greffer. Après, on pourra prendre notre envol. T'inquiète, tu verras, Dieu va nous donner la force d'arriver là-haut et ensuite Il va nous aider à les trouver. Le tout, c'est de le vouloir ! Oui, on grimpe une montagne avec ses jambes mais surtout avec sa volonté. "Grimpe une montagne", ça sonne faux, on gravit la montagne.

– J'me disais aussi : une montagne, ça ne se grimpe pas, ça se gravit. La langue française, elle est sacrément technique.

– Ça, pour être technique, elle est technique sa mère la pute, elle te fait des crochets à la Ronaldinho, c'est un truc de ouf.

– Frédo, t'as trop raison : il faut que j'm'accroche à ma volonté pour décrocher de la drogue. Heureusement que t'es là pour m'encourager. En parlant de la langue française, j'aim'rais savoir un truc : tu l'aimes bien ?

– Ben ouais. Qui n'aime pas la langue de Molière ?

– Et donc, tu craches sur ce que t'aimes ?

– Comment ça ? « Ça y est, il repart en couilles, putain les xeu-to, c'est des vrais tarés ! »

– Ch'ais pas, tu dis que t'aimes la langue de Molière, alors que t'arrêtes pas de lui cracher dessus, de la maltraiter, ben ouais, t'arrêtes pas de balancer des "sa mère la pute", "putain", "fils de lâche", etc. T'as toujours une insulte au bout des lèvres. Sérieux, j'trouve pas ça logique. Franchement. Si tu l'aimes, tu dois pas la salir avec ces insultes. En plus, tu sais bien parler, donc, j'comprends pas pourquoi tu n'essaies pas de bien parler tout le temps ?

– « Là j'avoue, i'raconte pas d'la m…, i'raconte pas n'importe quoi. Putain, on dirait q'c'est plus fort que moi, c'est un truc de ouf. On dirait que les insultes, elles sortent toutes seules, en mode Gilles de la Tourette là, ou ch'ais pas quoi. » T'as pas tort, mais en fait, ça sort tout seul, j'fais même pas attention, tellement j'insulte depuis longtemps. Dans l'ghetto, on apprend à insulter avant d'apprendre à faire des divisions, t'imagines ? Depuis l'primaire, j'baigne dans les insultes. Quand j'dis "baigne", ça veut dire, je nage le crawl, la brasse, sur le dos, tout, la totale ! Pour nous, c'est comme un jeu, on s'est toujours insultés entre nous, pour rigoler, pour fuir la galère, pour se sentir fort. Du coup j'me suis jamais rendu compte que…

– Que c'est ta drogue à toi.

– Et pas qu'à moi. Tous les ghettos de France sont drogués aux insultes.

– Ah ouais, t'as voyagé tant que ça ?

– J'avoue, j'me suis pris pour ce bâtard de Pernault. En tout cas, les ghettos d'Île-de-France sont touchés, i's'baignent dans un méga-giga-océan d'insultes.

– Sauf que j't'ai déjà entendu parler à un surveillant, et j'ai vu que tu pouvais parler bien, que tu bégayais pas comme les autres, aucune insulte sortait de ta bouche. Ça veut dire que, dans ton cas, ça sort pas vraiment tout seul. En vérité, tu peux te retenir. C'est comme quand tu couches avec une fille et que t'as envie d'éjaculer, eh ben, même si c'est pas facile, tu peux te retenir, sauf que, nous les mecs, on veut pas se retenir tellement c'est bon. C'est pareil avec les insultes, c'est bon de les dire, c'est cool, c'est stylé, c'est viril, ça nous donne de la force, ça devient une vraie drogue ; sauf qu'une overdose d'insultes, ça n'existe pas, du coup ça ne s'arrête jamais. Toutes les cinq secondes, les mecs de cité – je les entends en promenade – ils sniffent des rails d'insultes, ils se shootent aux "fils de pute", "la putain d'sa mère" … et j't'assure que quand les Blancs deviennent racistes, c'est pas à cause de la couleur de la peau, c'est d'abord à cause de cette drogue. D'ailleurs, ils vous appellent les wesh-wesh. J't'assure, ça leur casse le crâne quand ils vous écoutent, ça leur donne envie de vomir.

– Carrément ? Vomir ?

– J'te jure, sur ma vie. Surtout qu'en plus des insultes, y'a l'accent du ghetto…

– T'es sûr q'c'est pas une excuse pour pouvoir mieux nous cracher dessus librement ? Parce que quand ce bâttt… euh, quand Chirac a parlé du bruit et des odeurs, il parlait pas de notre wesh-wesh. C'est comme ceux qui disent qu'ils n'aiment pas les Feujs, parce que genre vous êtes des judas, et que vous aimez trop le biff pour pouvoir aimer l'être humain, alors que dans le fond, c'est la jalousie qui les fait parler, ils n'aiment pas les Feujs parce que les Feujs réussissent. Pas tous, je sais ! Ça, ça rend jaloux. Quand toi tu réussis pas et que ton voisin réussit et se paie une voiture de fou malade qu'il gare en face de chez toi, et que ta femme commence à baver dessus, ça t'fait perdre le sommeil, ça t'met l'seum, t'as l'impression de passer pour un loser. Bref, les racistes, ils ont v'là les excuses pour continuer à être racistes.

– Ouais, t'as un peu raison.

– Bien sûr q'j'ai raison. En vérité, Descartes, il avait rien compris. D'après lui, le bon sens est la chose la mieux partagée au monde. Faux! C'est la jalousie la chose la mieux partagée au monde. Non… attends, j'rectifie : la jalousie est la chose la mieux partagée dans le monde des losers, et la volonté est la chose la mieux partagée dans le monde des winners. Voilà, c'est ça! « Putain, qu'est-ce que ch'uis vif! Descartes, c'est mon petit… Siiii si. » Ouais, c'est ça : le monde est divisé en deux catégories, ceux qui ont le pistolet de leur volonté chargé, et ceux qui creusent leur jalousie. Toi et moi, on n'est pas venus au monde pour creuser.

– Pas mal, t'as remixé *Le Bon, la Brute et le Truand.*

– Siii si, chacal, tu connais tes classiques… Comme on dit : seuls les vrais savent. C'est mon film culte, avec *Malcolm X.* T'as vu les ganaches de tarés qu'il y a dans le film. C'est à cause de c'film que mon nom de dealer, c'est Blondin… ou plutôt, c'était Blondin. Ce film, on dirait même pas un film, on dirait un documentaire tellement les tronches sont réelles. Elles transpirent le far west. On dirait l'ghetto mais avec des santiags à la place des Air Max. C'est *Menace to society* en mode saloon. Sérieux : ce film, c'est un poème sans poésie ; dedans y'a que des regards froids, pas de place pour les yeux doux. Quand j'réfléchis, j'me dis que La Fontaine l'aurait grave kiffé. C'est la meilleure fable que je connaisse sur le capitalisme. Ça t'apprend que, par intérêt, ton pire ennemi peut devenir ton ange gardien.

– Que le bien et le mal, c'est comme ce dieu de la mythologie romaine là... euh comment il s'appelle déjà ? Janus ! Ouais, c'est lui, Janus : ch'ais pas si tu l'connais. Moi, j'l'ai découvert hier en lisant, c'est le dieu aux deux visages... mais aux visages jumeaux... Quand j'repense au film, j'réalise que c'est le film où, comme tu viens de l'dire, l'argent, c'est une baguette magique qui peut changer le mal en bien. Ou plutôt que le bien et le mal c'est la même chose, ça dépend des moments, et des personnes qui le subissent, ça dépend de l'utilité, du gain qu'il y a à la clef.

– Ça veut dire quoi à ton avis ? Que c'est impossible de faire le bien de tous et que t'es obligé de faire du mal à certaines personnes pour pouvoir faire du bien à d'autres ? On le dit souvent : le bonheur des uns fait le malheur des autres.

– Ouais...

– Ça veut dire qu'il faut faire volontairement le malheur de quelqu'un pour faire notre propre bonheur ? Ou alors c'est en faisant notre propre bonheur qu'involontairement on fait le malheur de quelqu'un d'autre ? Regarde, quand Jordan, il plante le dernier panier dans sa dernière finale NBA, son intention, c'était de gagner, de faire le bonheur des siens, c'était pas de faire le malheur de ses adversaires, il y pensait même pas. C'est comme quand tu sers une douce, tu fais ton bonheur, surtout si elle est supra bonne, tu ne te dis pas que tu vas faire le malheur des loups qui rêvent de lui baiser les pieds, tu n'y penses même pas.

– Sauf si tu la prends des bras d'un mec, là tu sais que tu fais le malheur de quelqu'un. Ah là là, c'est compliqué cette histoire de bonheur. En attendant, il est vraiment bon le bédot ! Il s'est pas foutu d'nous l'autre.

– C'est sûr, il cogne sec ! Regarde comment il nous fait cogiter, même si on va dans tous les sens.

– C'est ça qui est bon.

– J'avoue.

– C'est la septième fois que j'tombe, mais c'est la première fois que je parle autant avec mon co-cellulier. C'est dingue, avec toi, Fred, j'ai pas l'impression d'être en prison, plutôt d'être dans une yeshiva…

– Une quoi ? Une chicha ?

– Pas une chicha, une ye-shi-va ! ça n'a rien à voir. C'est une sorte d'école juive où on passe toute la journée à étudier, à étudier et encore étudier le Talmud, en se posant des tonnes de questions, sauf que nous, c'qu'on fait ici, c'est mille fois plus amusant parce qu'on se pose des questions sur c'qu'on vit, pas sur ce que vivaient les Moïse et Salomon. Même si on peut beaucoup apprendre d'eux – et si on doit beaucoup apprendre d'eux – y'a trop de poussière dans leur enseignement, y'a aucune place pour le présent. Jamais j'aurais pu parler du bon, de la brute et du truand dans une yeshiva, même pas en rêve. C'est pour ça que quand j'descends en promenade et que j'entends les autres parler de leur business, des gros coups qui les attendent dehors, et blablabli et blablabla, ch'uis pressé de remonter. J'ai à chaque fois l'impression de quitter un asile de fous qui se prennent vraiment pour Al Capone, Tony Montana ou Pablo Escobar alors que dehors, ce ne sont que des microbes, des pneus crevés de R5, juste bons pour la casse. Ouais, ils me font pitié ! Si seulement ils pouvaient se mettre à la lecture, ça changerait leur vie, ils comprendraient que la vraie richesse, c'est la connaissance, que l'argent, ça offre que le confort, mais pas le bonheur. Impossible d'être heureux loin des livres.

– Pouvoir parler d'autre chose que d'argent et de violence, ça n'a pas de prix. En plus, c'est la seule richesse – j'viens de le réaliser – qui permet de s'enrichir sans appauvrir l'autre, qui permet de faire son propre bonheur sans faire le malheur de quelqu'un. Mieux, c'est la seule richesse qui permet d'enrichir l'autre, sans s'appauvrir : quand je donne de la connaissance à quelqu'un, je l'enrichis et je ne m'appauvris pas. Avec la connaissance, le bonheur de l'un fait aussi le bonheur de l'autre.

– J'comprends mieux… À la synagogue, le rabbin me disait que, si t'as tout et que t'as pas la connaissance, t'as rien ; mais si t'as rien et que t'as la connaissance, tu as tout ! C'est c'qu'il voulait dire, la connaissance vaut tout l'or du monde. À c't'époque, quand il m'a dit ça, j'l'ai pris pour un taré. En même temps, j'étais trop drogué pour l'écouter vraiment ; et la drogue, j'pouvais pas l'acheter avec du vent et de l'hébreu.

– Si tu as tout et que t'as pas la connaissance, tu n'as rien ; et si tu n'as rien mais que tu as la connaissance, tu as tout ! Ça, c'est du lourd, du très lourd. Faut que j'la note celle-là. J'crois que j'vais aller faire un tour dans une shiva.

– Pas une shiva, une yééé-shiva ! Une shiva, j'crois que c'est un truc yoga.

– Pardon, rabbi Cohen. Une yééészhiva. Ouais, j'vais faire ça en sortant, ça me fera le plus grand bien. D'ailleurs, ça s'rait bien de yeshiva-iser tout le ghetto, non ?

– Ah ! Ah ! Ah !

– Sérieux ! T'imagines si tous les mecs du ghetto se mettaient à débattre, sans insultes, en se posant des questions sur tout et sur rien, sans jamais parler d'argent. T'imagines : plus personne ne galérerait. C'est la galère qui rend fou. Ça les aiderait, même pour serrer des douces. Au lieu de leur répéter "Putain, t'es fraîche !", "Sur la vie d'ma mère, t'es trop bonne" ou "Tu m'fais kiffer", ils auraient v'là les choses à leur raconter. Parce qu'une douce, tu l'accroches peut-être plus facilement avec des gros billets ou avec un sourire à la Tom Cruise planté au-dessus d'une belle tablette de chocolat, mais c'est avec ta tchatche que tu accroches son cœur. Un peu aussi, j'avoue, avec ton coup de rein, mais surtout avec ta tchatche. C'est comme la pièce de théâtre là qu'on avait vue à l'école, *Le Bourgeois gentilhomme*, où le bourgeois, il a beaucoup d'argent mais peu de mots, il réclame de l'aide à un type pour écrire une lettre de conquête qu'il veut adresser à une marquise…

– J'me souviens, même si j'avais pas lu le livre, j'avais adoré cette partie. C'est grâce à mon prof, il avait passé une heure, rien que sur cette partie, à nous parler des subtilités de la langue, de la grammaire, tout ça… parce que le bourgeois – j'crois qu'il s'appelait M. Jourdain – il n'arrivait pas à choisir la bonne façon de dire c'qu'il voulait dire. Il hésitait entre "Belle marquise vos beaux yeux me font mourir d'amour" et "Vos beaux yeux d'amour me font, belle marquise, mourir".

– Ben dis donc, il a d'la mémoire le Richard, j'suis bluffé. Tu caches bien ton jeu, un vrai Feuj !

– J'n'ai aucun mérite, c'est grâce à mon prof que j'm'en souviens encore. Ce sont les profs qui font les élèves. Souvent quand l'élève est mauvais, c'est parce que le prof n'aime pas son travail, alors que c'est le travail le plus important du monde, plus important encore que celui de la police. On nous apprend ça à la synagogue : le héros d'un peuple, c'est le professeur, pas le guerrier, parce que le vrai ennemi de l'homme, c'est l'ignorance. C'est pour ça qu'on ne naît pas juif, on le devient : les parents font en sorte que leur enfant devienne juif en lui transmettant le goût des mots, le goût de la connaissance et le goût des études. Hélas, ça ne marche pas tout l'temps, j'en suis la preuve. Moi, la force de la tchatche, c'est plutôt dans *Cyrano de Bergerac* que je l'ai découvert... que je l'ai découverte ! Cyrano et son fameux nez : "C'est un pic, c'est un cap..."

– "Que dis-je, c'est un cap ? C'est une péninsule !" J'me souviens d'ce saligot, j'l'avais appris en CM2. J'avais une maîtresse, Mme David, elle m'aimait bien un jour sur deux, c'est-à-dire quand j'faisais pas de bêtise. Elle nous avait joué cette scène avec l'énergie d'un soleil, même si c'était pas aussi fort que Depardieu...

– Personne n'est plus fort que Depardieu, c'est le Michael Jordan des acteurs français.

– J'avoue. En plus, Mme David, elle était superbonne pour son âge, même si sa fille, qui passait souvent la voir à l'école, était encore mieux : le sosie de Michelle Pfeiffer... Le bédot m'égare...

– Une chose est sûre, si tu expliques au ghetto que tu vas les yeshiva-iser, vu que c'est un concept de juif, et qu'ils se prennent tous pour des Palestiniens, i'vont même pas t'écouter, pire, ils vont croire que t'es un agent du Mossad. Donc, il faudra q'tu trouves un autre mot.

– Mais pas besoin de donner un mot, c'est pas le nom d'un médicament qui compte, c'est son efficacité. Il faudra juste expliquer le concept. Ch'ais pas si tu connais la chanson de Solaar, *La Belle et le Bad Boy*? Plus qu'une chanson, c'est un diamant pour les oreilles, elle explique que le contexte est plus fort que le concept. C'est une vraie tuerie atomique. Avec moi, ce sera l'inverse : le concept sera plus fort que le contexte. De toute façon, on n'en est pas encore là, j'dois déjà me yeshiva-iser et, t'as raison, j'dois commencer par me désintoxiquer des insultes. Ce s'ra pas facile mais, j'vais y arriver. Avec de la volonté, j'y arriverai. J'crois que j'vais reprendre le footing, comme à l'ancienne, quand j'faisais du basket et que j'me prenais pour Iverson, il fallait que je travaille mon cardio, j'faisais beaucoup d'footing. Mais quand j'ai jeté mon ambition de devenir basketteur pro à la poubelle… ou plutôt quand le Divin, que je ne calculais pas encore trop, m'a donné l'ordre de le faire, j'ai jeté dans la foulée toute ma vie de sportif à la poubelle. Ouais, c'est décidé, à partir de demain ce sera footing, lecture, et plus d'insulte. Les “nique ta mère”, “sale bâtard” et tout ça, aux oubliettes!

– Moi, mon programme, ce sera lecture, lecture, lecture. Et le Subutex, aux oubliettes aussi. Ça va pas être facile, mais j'vais essayer.

– Comment ça, tu vas essayer ? Non ! Tu vas y arriver. Si tu dis "j'vais essayer", dans ta tête, tu vas lâcher, tu vas abandonner à la première difficulté. Un combat, tu le gagnes d'abord dans ta tête. Si Mohammed Ali gagnait ses combats sur le ring, c'est parce que dans sa tête, à l'entraînement, il avait déjà gagné. Donc, s'il te plaît Richard, dis que tu vas y arriver.

– Ok, c'est vrai, t'as raison, j'vais y arriver.

– Tous les deux, nous allons y arriver. Toi et moi, nous sommes des guerriers ! Pour nous, Fleury, c'est pas une prison, c'est un centre de remise en forme ! « Merci Dieu, j'pouvais pas avoir de meilleur co-cellulier. Décidément, j'ai d'la chance. Divin, T'es vraiment mon gars sûr ! »

– T'as raison, mais mon rabbin m'a toujours appris qu'il fallait se méfier de la confiance : quand on a trop confiance en soi, on ne doute pas, on n'imagine pas un plan B. Du coup, quand le plan A tombe à l'eau, on peut tomber en dépression, parce qu'on ne s'était pas préparé au pire. C'est pour ça qu'il me disait : "Richard, espère toujours le meilleur mais prépare-toi toujours au pire, on ne sait jamais."

– Mouais, t'es sûr que ton rabbin était croyant ? Ah ! Ah ! J'rigole ! J'vois c'que tu veux dire. *« Nian nian nian, tu n'as encore rien vu mon p'tit bonhomme. J'te réserve une surprise qui va te remettre les pendules à l'heure et t'ouvrir les yeux sur ta folle foi.* » Vas-y, ferme-la, toi !

– De quoi, Fred ?

– Rien, j'pensais à voix haute…

Chapitre 4

Le mois de juin court depuis vingt-deux jours. L'odeur chaleureuse de la Fête de la musique flotte encore, tel un drapeau, celui du bonheur collectif agité par le souffle de l'harmonie. Si, à l'instar du carnaval de Venise, les fêtes de la musique ont tendance à se suivre et à se ressembler, celle de cette année est venue opposer un démenti tranchant à la tradition. Difficile de ne pas reconnaître que son odeur musicale s'est trouvé être, sinon étouffée, du moins concurrencée par une odeur d'une tout autre saveur : celle produite par l'avalanche de cadavres en décomposition qui, depuis quelques jours, sous l'effet des morsures du soleil caniculaire, ternissent, et c'est peu de le dire, le tableau estival de mon si beau royaume hexagonal.

Dans l'absolu, des cadavres, chaque jour en apporte son lot. Rien de nouveau sous le soleil, serais-je tenté d'ajouter, dans un élan fataliste. Là, on a affaire à une explosion de décès sans précédent, période de guerre mise à part, bien sûr. Au premier rang des victimes se trouvent, sans surprise, les personnes âgées, esseulées, tels des bouts de camembert abandonnés au fond d'un réfrigérateur ; totalement esseulées comme l'est actuellement Anita Ekberg, le méga-sex-symbol qui sut enflammer, en noir et blanc, *La dolce vita* de Fellini, elle qui est désormais réduite au statut de vieillerie encombrante tapie au fond d'une Italie grisée par l'ingratitude ; cruellement esseulées comme l'avaient été les cris d'Arméniens engloutis dans les entrailles de l'ogre identitaire turc. Déjà que, de leur vivant, en dehors des périodes électorales durant lesquelles les mercenaires des urnes leur font les yeux doux en prenant soin de glisser de mielleuses contines dans leurs sonotones, ces amas de rides intéressent peu de monde. Ce n'est pas avec leur mort qu'ils vont attirer l'attention de cette société française-post-soixante-huitarde qui n'a de cesse de célébrer la jeunesse épicurienne et le dynamisme effréné. Tel est l'actuel portrait de ma société : le culte de l'individualisme le plus féroce, alimenté par l'ivresse de la compétition, pille, sans la moindre retenue, l'esprit de famille. La colonne vertébrale de ce dernier, le devoir de solidarité et de gratitude intergénérationnelle, a désormais tout d'une maison abandonnée. Ainsi va le progrès : à reculons !

Une nouvelle morale a chassé l'ancienne : aujourd'hui, faire le bien, c'est d'abord et surtout se faire du bien.

Ce qui m'attriste, ce qui me serre le cœur, ce qui me fait monter la moutarde au nez, c'est de voir que les services compétents, censés combattre les conséquences de ce pillage moral intergénérationnel, censés porter haut et avec fierté mon nom, Marianne de la République, cinquième du nom, comme les Danton, les Jules Ferry, les Jean Macé, les Léon Bourgeois surent le faire en leur temps, sont en train de faillir à leur mission, à la noble mission républicaine que mes aïeules – surtout Marianne, troisième du nom – leur avaient confiée. Mission qui, en cas de catastrophe, militaire ou sanitaire, consiste à déployer un infaillible esprit de solidarité. Or, qu'est-ce que j'observe? Que mes services sont comme les États-Unis à la veille de la guerre de Sécession : coupés en deux.

D'un côté, les petites mains s'activent comme elles peuvent pour répondre efficacement à l'urgence ; de l'autre, les cadres, les responsables, les ventres gras, bien que conscients de la situation, se prennent pour Marie-Antoinette face aux Parisiennes-essorées-par-la-famine, et adoptent une royale indifférence doublée d'un royal cynisme.

Il aura fallu que ces impitoyables morsures du soleil s'invitent, sans crier gare, morsures qui semblent ne pas être près de s'interrompre, pour que j'ouvre les yeux, non seulement devant mon erreur d'appréciation, mais surtout devant le côté obscur de la nature humaine française, une nature que cette époque, se pliant aux ordres de l'aveuglement nombriliste, a attisée, normalisée, dopée ; puis banalisée.

Je pensais, phrygiennement, que l'indifférence devant la mort de son prochain avait déserté les cœurs de celles et ceux qui vivent sur mon sol, celui de la fraternité universelle. Me voici obligée de revoir mon jugement, d'observer que pendant que la France d'en haut se dore la pilule en bordure de mer, nombre de vieux de la France d'en bas se débattent seuls contre les attaques du soleil.

Pendant ce temps-là, à Fleury-Mérogis, la souffrance a atteint des sommets.

Les droits de l'Homme ayant leurs limites, les cellules, qu'il ne faudrait pas confondre avec des chambres d'hôtel, ne disposent d'aucun système de climatisation. Résultat : depuis que l'astre royal a lancé son offensive, les détenus sont déroutés. Et c'est un euphémisme. Ils ne savent plus s'ils sont en prison ou au sauna. Dans de telles conditions, garder son sang-froid est aussi aisé que garder son équilibre debout sur une planche de surf secouée par une vague hawaïenne. Certains, emportés par une insoutenable colère, se mettent à briser les vitres des fenêtres de leur cellule, comme le langoureux *Happy Birthday, Mister President* de la scintillante Marilyn Monroe brisa l'honneur de

Jackie Kennedy. Aux brisures viennent s'ajouter les cris, les hurlements, écrasés par la chape de plomb, une véritable chape d'insensibilité que déplora un Daniel Botton, l'homme au regard de repenti qui, depuis sa traumatisante parenthèse carcérale, s'est donné pour mission de faire rentrer un peu d'humanité dans les rouages de l'administration carcérale.

Quatre heures viennent de sonner. La cour de promenade du bâtiment D3 est recouverte d'une chaleur magmatique. Certains détenus en profitent pour bronzer. C'est à se demander si la chaleur n'aurait pas été jusqu'à assécher les gorges, tant un silence inhabituel règne. Les mots ont cédé la place aux respirations suffoquantes.

La porte de la promenade s'ouvre. C'est au tour des locataires du troisième étage de l'aile gauche de faire leur apparition. Frédéric est de ceux-là.

À la surprise générale, il porte une tenue de sport. Le footing, dont il est désormais coutumier, semble être à l'ordre du jour. Mais, avec une telle chaleur, son sens de l'effort prend des allures de suicide.

– M. Nkamwa, inutile de jouer au vaillant. Au cas où vous ne l'auriez pas remarqué, aujourd'hui le soleil assassine ! Et je ne vous cache pas que nous n'avons pas de cimetière, tente de lui glisser un surveillant sur le ton de l'humour.

Trop tard.

Armé d'un cycliste, d'un t-shirt, d'une paire de baskets et d'une insondable folie, Frédéric entame sa course, d'un pas téméraire et conquérant. Le moins que je puisse dire, c'est que son regard ressemble, trait pour trait, au trou d'un canon scié : sombre, autoritaire et déterminé !

Quant aux autres détenus présents, transformés pour l'occasion en spectateurs de cette folle course vers la mort, leurs yeux ne sont plus qu'un théâtre sur les planches duquel deux points d'interrogation semblent se donner la réplique : « Ce type était bizarre, on le savait, mais là, pourquoi cherche-t-il à défier le soleil ? Qu'est-ce qu'il veut prouver ? »

Voilà dix minutes que notre Spartiate suicidaire-entre-tous s'est jeté, tête la première, dans cette course folle. Son t-shirt est déjà hors jeu, il s'en est d'ailleurs débarrassé d'un geste brusque.

Frédéric se retrouve torse nu, musculature apparente. Mais, qu'est-ce que j'aperçois ? Un lion ? Oui, c'est bien cela, un lion tatoué occupe son pectoral gauche. Un lion qui rugit ! Traduction : il se prend pour le roi de la jungle. Quoi qu'il en soit, roi ou pas roi, il n'est qu'une fourmi face à l'empereur du ciel. Et il va vite le comprendre.

Trente minutes de course.

Voici maintenant trente minutes que j'assiste au lent suicide de Frédéric Nkamwa. Sa bouche semble recouverte d'une couche de plâtre. Rien de surprenant : il n'a plus une goutte de salive. La cour est désormais vide. Vide de corps et d'oxygène. Aussi vide que le compte en banque de Bernard Tapie, l'embobineur de génie qui se serait fait sodomiser-sans-vaseline-ni-permission par plus embobineur que lui, le Crédit Lyonnais.

Il n'y a plus un seul détenu sous les rayons du soleil. Ils se sont résignés à s'entasser sous le préau, dans les bras de l'ombre. Témoins d'une scène rare, leurs yeux sont braqués sur la volonté de mourir de notre coureur, une volonté qui se rapproche de son épilogue.

À l'impossible, nul n'est pourtant tenu. Ce bout de sagesse, dommage qu'il le connaisse aussi bien que les Nord-Coréens connaissent les joies de la vie démocratique. Tant pis pour lui. Ce sera un cadavre de plus. Après tout, la vie n'est-elle pas une autoroute à double sens où les naissances croisent les décès ?

– Frédooo ! Arrête. Arrête-toi ! Tu souffres trop !

Je crois reconnaître cette voix qui vient d'en haut, s'échappant péniblement d'une cellule. Oui, c'est celle de Richard, le co-cellulier de notre suicidaire du jour.

Hélas, ces mots, qui sonnent comme un ultime cri d'alarme, se heurtent à son indifférence. Il continue à courir, à avancer vers sa propre pierre tombale.

– Troisième gauche, promenade terminée, vous remontez !

Ça y est, les soixante minutes sont épuisées, contrairement à notre jeune fou.

Dire que je le donnais pour mort ; et voici qu'à l'arrivée, il court encore et toujours. Quel est ce type de folie qui agit comme de l'EPO, anesthésie les morsures du soleil, gèle les flammes de l'enfer qui agrippent les jambes ? Je dois avouer que, toute savante que je suis, je reste sans voix. Les mots me manquent. Heureusement, je n'avais pris aucun pari sur son abandon, encore moins sur sa mort. Seraient-ce des larmes que j'aperçois, ruisselant entre les gouttes de sueur, sur ses joues ? Certainement des larmes de joie : son exploit vaut bien ça. Le temps d'une course de l'impossible, il a battu l'imbattable soleil. Et comme si son audacieux affront ne suffisait pas, il se paie le luxe d'achever par un sprint. Il faut le voir pour le croire.

Le voilà qui remonte sous les applaudissements silencieux des autres détenus. Eux rampent presque pour réintégrer le bâtiment.

– M. Nkamwa, là je dois dire que…

Je n'entends pas ce que le surveillant dit à notre champion du jour. Il serait temps que je trouve un moyen d'accéder à l'intérieur des murs de la prison. Je suis Marianne, garante de l'ordre républicain. L'existence de ce *no man's land* antirépublicain ne peut plus durer.

Chapitre 4 bis

« BULLETIN spécial d'information : mesdames, messieurs, nous interrompons momentanément notre programmation musicale pour vous livrer une information de la plus haute importance. La France pleure. Des cadavres s'amoncellent dans les hospices. Soyez prudents, pensez à vous hydrater, gardez un œil sur les personnes âgées que vous avez dans votre entourage. La canicule qui déferle sur l'ensemble du pays depuis quelques jours ne cesse sa marche en avant, laissant, ici et là, corps sans vie sur corps sans vie. Bonne journée à tous, et un conseil : restez à l'ombre et, si possible, à l'écoute de TSF, la radio du jazz et donc du bien-être. »

– Richard, t'entends ça ? Il paraît que dehors le soleil écrase tout sur son passage et transforme le pays en immense cercueil à ciel ouvert. Ça sent le carnage, de Lille à Marseille en passant par Nantes et Strasbourg. « Alors comme ça, ô astre flamboyant, le sable du Sahara ne te suffit pas. Tu as décidé de venir nous faire la peau, ici, au royaume du climat tempéré. J'me demande quelle mouche t'a piqué. Eh bien, sache que si tu sèmes la mort et la peur sur le macadam bleu blanc rouge, avec moi, t'es tombé sur un os. Je vais t'affronter, en tête à tête, comme Mohammed Ali affronta le gouvernement américain avec la même issue : ce sera la victoire de David et la défaite de Goliath. » Eh Richard, tu dors ? Toi aussi la chaleur t'as mis K.O ou quoi ? Eh ! Souhaite-moi bonne chance, je veux aller vérifier la théorie de Nietzsche. J'vais voir si la force de la volonté peut compenser la faiblesse du corps.

– Laisse tomber. J'ai pas envie d'aller poser un bouquet de fleurs sur ta tombe. T'as encore toute la vie devant toi. Pourquoi es-tu si pressé d'être conjugué au passé ?

– C'est gentil de t'inquiéter mais j'peux pas rater ce rendez-vous avec mon destin. Je sens que j'dois faire ce tête-à-tête, j't'assure, c'est plus fort que moi.

– Promenade ! Vous sortez ?

– Oui, surveillant. Richard, à tout'… ou à jamais. « Divin, là ch'ais pas ce que tu me réserves, mais ch'ais une chose : T'es dix fois, cent fois, mille fois plus fort que le soleil. Lui, c'est ton petit et moi j'fais partie de Tes protégés. Il ne peut donc rien me faire. »

– M. Nkamwa, inutile de jouer au vaillant. Au cas où vous ne l'auriez pas remarqué, aujourd'hui le soleil assassine ! Et je ne vous cache pas que nous n'avons pas de cimetière.

« Allez, allez, écarte-toi de mon chemin, espèce de bourdonnement inutile. C'est entre moi et le Divin que ça s'passe. J'ai une mission à remplir. Le puissant soleil assassine les hommes, je le sais, mais que peut-il face à la surpuissance divine, sinon la chatouiller ? Allez, c'est parti ! »

« Ah ! Je ne meurs pas. Non, la mort, je la laisse aux autres. J'ai décidé de vivre. J'ai la volonté de vivre, de vivre en avançant, en allant toujours de l'avant. Quelle que soit la douleur que la vie me fait endurer, quels que soient les coups que mon destin reçoit au niveau du foie, quelles que soient les morsures que toi, ô impitoyable astre, tu infliges à mon corps. Il paraît qu'au dehors, tu sèmes le deuil et la panique. Ô astre-assassin, me voilà devant toi, je te fais face, je te tiens tête. Oui, je suis de ceux qui ne savent pas prendre la fuite, regarde mon visage, et surtout regarde mes yeux, regarde-les attentivement : perçois-tu une once de peur ? Non, il n'y a rien de tout ça, je ne suis pas ta proie, tu n'es pas mon prédateur. Je vois que tu veux transformer mon t-shirt en toison de feu. Aucun problème, amigo. Tiens, regarde, à chaque problème sa solution, je m'en débarrasse, comme je suis en train de me débarrasser des vêtements du ghetto, et de son vocabulaire, de ses insultes qui ont, pendant trop longtemps, enfermé mon esprit dans la violence. »

« Ô astre-de-feu, tyran parmi les tyrans, je ne plierai pas sous tes coups… Tu peux y aller, tu peux me cogner sans frein. Aaaah ! Je ne plierai pas. La force de résistance de Mohammed Ali coule dans mes veines. Vas-y cogne-moi, ça me fait des guilis. Oui ! Enflamme ma gorge, ne te gêne surtout pas. Quoi que tu fasses, tu ne peux rien contre mon mental, contre mon mental de lion. Regarde comment j'avance : je suis un 4x4. Ma volonté, ce sont mes roues, et ce ne sont pas des roues de twingo. Elles sont tout terrain, rien ne les arrête, rien ne les effraie. Oui, ma volonté est herculéenne, nietzschéenne, elle est surpuissante, et ma foi, elle, c'est mon moteur, un moteur inoxydable, increvable, aucun risque de panne à l'horizon. C'est l'avantage avec la foi, lorsqu'elle sort de l'usine divine, elle accompagne son propriétaire durant toute sa vie. Quant au gazole, j'ai enfin trouvé le plus efficace d'entre tous, celui qui me permettra d'avancer à moindre coût. J'ai pendant longtemps pensé que c'était l'argent, que la route appartenait à ceux qui en étaient remplis, mais pas du tout ! Je me trompais. J'ai enfin compris, j'ai enfin percé le mystère de l'avancée de l'homme : c'est la lecture ! Culture générale, capacité de concentration, vocabulaire à foison, sens de la précision, spécialité maîtrisée, jargon dompté : que de richesses elle me permet d'acquérir, des richesses qui vont s'accroître chaque jour, à chaque livre dévoré et digéré. J'ai compris la puissance de la lecture. Avec elle, je ne ferai plus jamais du surplace. Si seulement les miens savaient. Si seulement ils pouvaient connaître son pouvoir, ils arrêteraient de bomber le torse inutilement, de froncer les sourcils comme des pit-bulls. Sans la lecture, il leur est impossible de sortir de la survie et d'entrer dans la vie, dans la vraie vie, si seulement ils le savaient. Sans elle, ils ne sont que des cadavres-qui-respirent, comme je l'ai été pendant de trop nombreuses années ! Il aura fallu que je vienne en prison pour me libérer, il aura fallu l'enfer du D3 pour que je découvre le paradis sur terre. Hélas, en dehors de Richard, les autres sont enchaînés à cet enfer. Regarde-les, ô astre lumineux, regarde à quel point leur enveloppe charnelle est un linceul, leur bouche, un puits rempli de néant duquel ne sortent que futilité et barbarie. Ô, astre suzerain, regarde-les : des jeunes âmes-sans-vie, des ratures-en-air-max, des cauchemars-ambulants, des bêtes-noires-nationales. En parlant de noir, grâce à la lecture, désormais, je sais que je ne suis pas un Noir, ni un Black, ni un Négro. J'ai compris que ce ne sont là que des mots qui décrivent une apparence, et encore, ch'uis même pas de couleur noire, je ne suis pas noir comme le mouton qu'il faut fuir, je ne suis pas noir comme le jeudi qui plongea l'Amérique dans la plus grande crise de son histoire, je ne suis pas noir comme le désespoir, je ne suis pas noir comme la bête qui porte malheur. Non, ch'uis marron, et chaque jour mon miroir me le confirme. Noir, Black, Nègre, ces mots ne désignent ni une essence ni une identité. Grâce à la lecture, je sais que je ne suis pas un opposé, que je ne suis pas l'opposé de celui qu'on appelle le Blanc comme le noir est l'opposé du blanc. Mieux : désormais, je sais que je suis bien plus qu'une couleur, bien plus qu'un corps. Je suis d'abord un esprit et un récit, un esprit qui peut être aussi vaste que l'univers, un récit qui peut être aussi profond qu'un gisement de pétrole. Le tout c'est de lire, encore et toujours ; de comprendre, encore et toujours ; d'avancer sur le chemin du questionnement et de la connaissance, encore et toujours ; de la connaissance du monde, des autres, et, au bout du chemin, de mon moi profond. »

– Frédoooo ! Arrête. Arrête-toi ! Tu souffres trop !

« Richard, tu vas pas t'y mettre toi aussi. Calme-toi, je souffre pour la bonne cause. Tu n'as pas encore compris que ma souffrance est nécessaire, salutaire ? Je dois savoir si la violence du soleil est plus puissante que la force de ma volonté. Ô Divin, je sens que la promenade est bientôt finie, mais ne t'inquiète pas, ma course ne fait que commencer, mon marathon de la connaissance est loin d'être terminé. Je ne sais pas ce que Tu me réserves, mais je sais une chose : Tu seras toujours là, à mes côtés, pour éviter que je ne m'égare loin de moi-même. » *« Y'a pas à dire, les foutaises, c'est vraiment ta spécialité ! Nian nian nian. Où était ton dieu lorsque tes amis se sont fait racketter, sous tes yeux, à Grigny et que tu t'es presque pissé dessus ? Où était ton dieu lorsque ta tante Eugénie t'a fouetté jusqu'au sang, avec du fil électrique, au seul motif que tu avais osé porter une de ses chemises ? Ta mémoire est des plus sélectives. Tu finiras par comprendre qui est le seul dieu à pouvoir réellement t'apporter réconfort et protection. »*

– Troisième gauche, promenade terminée, vous remontez !

« Ô système carcéral, tu ne m'as pas tué. Au contraire, tu m'as renforcé. Regarde-moi : je viens de battre le soleil. Tu as emprisonné mon corps et celui de milliers de jeunes perdus dans les affres de la wesh-attitude, et sous prétexte que nous avons violé la loi, que nous avons parfois fait couler le sang, parfois pour un simple regard ou une paire de seins, sous prétexte que notre crise d'adolescence nous pousse à tromper l'ennui en suivant les conseils du diable, tu t'arroges le droit de nous piétiner impunément. La Cour européenne de justice a beau t'avoir condamné, et pas qu'une fois, tu persistes à écraser le moindre relent de notre dignité. À tes yeux, pour les enfants d'indigènes que nous sommes, cette dignité est imméritée, impropre, boueuse. Ô système carcéral, hu-mi-lia-tion est ton maître-mot. Aïe, j'ai mal, je pleure des larmes desséchées par ce climat social, sociétal, racial qui ne dit pas son nom ! Aïe, j'ai mal, depuis l'enfance, depuis ce jour où, en compagnie de mon ami Abdel, j'ai compris que pour nous, le Père Noël resterait un personnage fictif que l'on n'aperçoit qu'à travers notre écran de télévision, HLM ne rimant pas avec cheminée mais plutôt avec déchéance humaine. Aïe j'ai mal, mais je tiens bon, car mon espoir n'est pas mort à l'école, il n'est pas mort comme celui de mes frères et sœurs de la street, il n'est pas mort dans mes bulletins scolaires, même si le lycée Berthelot avait essayé de l'assassiner, non, mon espoir est plus vivant que jamais. J'ai espoir qu'un jour nous serons transportés des tribunaux à l'hôpital social, là où nous devrions nous trouver, au service des grands brûlés, afin d'y être réanimés, soignés avec les pansements de la nouvelle chance ; et remis sur pieds, sur le droit chemin. Il n'y aura alors plus de Noirs, ni d'Arabes, que des esprits curieux d'apprendre, traversés par des talents divers et variés, prêts à se bâtir un avenir digne, un avenir scintillant, à l'abri de la rage, du rejet, de la haine qui polluent actuellement nos quartiers. Ahh, dernière ligne droite, ahhhh… merci Dieu ! Tu m'as permis de battre le soleil, le temps d'une course. »

– M. Nkamwa, là je dois dire que vous nous avez épatés. Dommage que vous n'ayez pas été filmé : c'était beau, vous êtes un vrai guerrier. Si seulement les autres pouvaient en prendre de la graine, comprendre que la vie est un combat, au lieu de toujours se plaindre, ça nous rendrait le plus grand des services. Franchement, chapeau bas !

– Merci… surveillant… c'était pas facile… mais…

– Reprenez tranquillement votre souffle, M. Nkamwa, vous n'avez pas besoin d'en dire plus, la leçon que vous venez de nous donner, à nous tous, surveillants comme détenus, parle pour vous. Allez vous reposer. Profitez-en pour saluer M. Darmon, beaucoup de paroles gratifiantes à son sujet sont parvenues à mes oreilles, il aurait l'air totalement transformé. Le Richard Darmon du début semble n'être qu'un souvenir.

– Franchement, reuf, il a raison le surveillant : wallah bien c'que tu viens d'faire. Nous, on croyait q't'allais clamser, sur l'Coran ; ou q't'allais ché-la après quelques tours t'as vu, tel'ment le soleil il tapait comme un sourd, c'fils de pute, mais non, t'as tenu, sa mère ! Et jusqu'au bout en plus, comme un vrai bonhomme, comme un vrai légionnaire. J'avoue respect, p't'être qu'un jour, j'viendrai courir avec toi, ch'uis sûr que ça m'ferait du bien, ça m'donnerait d'la force.

– Merci, frère. Ce sera avec plaisir : le jour où tu te sentiras prêt, je serai là. Mais j'te préviens d'avance : une fois qu'on a démarré, il est hors de question de s'arrêter en chemin. Quand on est un guerrier, on fait pas les choses à moitié, ce qu'on commence, on le termine. T'es pas d'accord ?

– Si, gros, sur la vie d'ma mère, t'as raison. Quand on commence quelque chose, il faut finir ; y'a que les déserteurs qui ne finissent pas, ces fils de lâche. En c'moment, y'a que les joints et les parties de GTA que j'arrive à finir. Mais j'vais m'rattraper, inchallah ! Et il faudra que j'dise tout ça à mon p'tit reuf. T'as vu, il vient à peine de commencer la fac qu'il veut déjà arrêter, ce hmar. Genre, il dit que ça l'soûle, que les études, c'est pas pour lui, nanani nanana. Là, il va devoir passer des examens à la rentrée pour rattraper son année, mais il prétend qu'il arrive pas à réviser pendant que ses potes vont bronzer à la plage et serrer de la p'tite Française fraîche comme une cannette de Schweppes Agrum'.

– Il faut qu'il tienne le coup. Dis-lui qu'il aura toute la vie pour aller à la plage et cueillir autant de douces qu'il souhaite. Mais, pas pour réussir ses études. Dis-lui que le plus difficile à la fac, c'est le début, la première année, parce que c'est nouveau, on est livré à soi-même, et comme on n'est pas vraiment obligé d'aller en cours, on a tendance à prendre les choses à la légère. Ensuite, on ne voit pas passer les jours, les semaines, les mois et un beau matin, on se réveille et on s'aperçoit qu'on est à la veille des examens et qu'on n'a encore rien révisé. Alors on se ramasse, on doit passer par la case rattrapage et là on baisse les bras et notre avenir nous glisse des mains. Dis-lui de s'accrocher, dis-lui bien que ce n'est parce qu'on a pris un mauvais départ qu'on a forcément perdu la course.

– Surtout si la course est un marathon. J'espère que ça va rentrer dans sa tête. Allez, soirée bonne à toi aussi le guerrier du D3. Aïe !

– Richard…

– Fred… T'es un fêlé ! Maint'nant, y'a plus de doute, c'est officiel, t'es un sacré taré.

– Si tu veux dire que je suis fou comme quelqu'un qui a la foi, je te donne raison à mille pour cent. Attends, il faut que j'm'asseye, mes jambes ont failli me lâcher dans les escaliers, comme le cœur de Mandela avait lâché la philosophie de la non-violence.

– Bien vu ! Dès que t'auras fini de lire sa bio, je vais m'y plonger. Tiens la chaise. Assieds-toi sur elle comme tu viens de t'asseoir sur l'échec, comme tu viens de t'asseoir sur l'impossible.

– Ou comme Rosa Parks s'était assise sur l'interdiction de s'asseoir. En tout cas, j'vois que t'es inspiré ; et ça te va bien. Merci. Regarde mes jambes comme elles n'arrêtent pas de trembler. On dirait qu'elles ont attrapé la maladie de Parkinson. Richard, j'y suis arrivé. J'ai compris le secret de la vie, j'ai compris que vivre, c'est vouloir ! J'ai compris que sans une volonté d'acier, il est impossible d'atteindre ses limites, de les dépasser, donc de progresser, de s'améliorer ; c'est bateau de le dire. Mais pour s'améliorer, il faut forcément passer par la case souffrance, l'effort, tout est là. Je comprends maintenant pourquoi le mot fort est dans effort, car sans effort, on reste faible ou on le devient. Oui, là où l'effort est absent, la faiblesse est présente. C'est pour ça que la France devient faible : les Français ont oublié que le mot fort est le diminutif du mot effort, ils pensent que c'est le diminutif du mot confort. Cet après-midi, plus je courais, plus je réalisais que l'effort essentiel, c'était celui fourni par mon esprit, pas par mon corps, notamment par sa conquête du savoir. Oui, j'ai compris que la lecture c'est la frontière qui sépare les animaux des hommes. J'te jure, Richard, j'ignore si ça te fait la même chose, mais depuis que je fais de la lecture mon pain quotidien, je suis un autre homme, ou plutôt je sens que je deviens un homme, je m'éloigne chaque jour un peu plus de mon animalité. Je réalise à quel point je n'étais jusque-là qu'une illusion d'homme, un animal nourri d'ignorance-qui-s'ignore, un esprit-sans-but qui ne pensait qu'à faire du biff juste pour impressionner, au volant d'une grosse cylindrée, quelques cambrures insolentes.

– T'as tout dit, Frédo ! C'est exactement ce que je ressens. La lecture, il n'y a pas meilleure drogue. Imagine-toi, même mes sœurs ont vu la différence. Elles n'arrêtent pas de me demander si les mots que je leur écris sortent de ma tête ou si quelqu'un me les dicte, tellement ma façon d'écrire a changé. Et ça, c'est grâce à toi !

– Qu'est-ce que tu racontes ? Dis plutôt que c'est grâce à la lecture et au Divin, dont je ne suis qu'un instrument parmi tant d'autres. Mais s'il te plaît, ne t'exclus pas du mérite, car c'est aussi grâce à toi. C'est toi, et personne d'autre, qui, chaque jour, fournit l'effort de te concentrer sur un livre, sans que personne ne t'y force. Contrairement à moi, tu n'as aucun examen à passer, tu pourrais aussi bien t'allonger, te contenter de regarder la télévision en mode légume. À propos, il n'y a pas que tes sœurs qui ont remarqué ton changement. Ici, tout le monde l'a remarqué, à commencer par les surveillants.

– Ah bon ?

– En remontant, un surveillant m'a demandé de te saluer. Il m'a dit qu'il avait entendu beaucoup de bien à ton sujet, en particulier à propos de ta transformation.

– Arrête, Frédo. Là, tu essaies de me disquetter.

– Non, j'te jure, Dieu m'en est témoin. Eh oui, la vie c'est comme ça : quand tu changes, les gens s'en aperçoivent. Souvent ceux qui ne croyaient plus en toi, qui étaient prêts à tenir la pelle pour creuser ta tombe te féliciteront avec le plus de chaleur, simplement parce qu'ils réalisent mieux que quiconque l'exploit accompli : tu as transformé l'impossible en évidence. Au début, on va pas se mentir, personne n'aurait misé un kopeck sur toi, tu n'étais qu'un corps-encombrant-la-vie en quête de sa dose d'héroïne, prêt à tout pour l'obtenir. Quand on te regarde aujourd'hui, on voit quelqu'un qui va s'en sortir, qui est déjà sorti du chaos. C'est évident.

– Oui, c'est le début de ma renaissance !

– C'est le mot, renaissance. Allez, Richard, roule-nous un joint, qu'on puisse fêter ça, vu qu'on n'a pas de champagne.

– Si si chacal, comme on dit !

– Il fait chaud, ils pourraient nous donner un ventilateur. C'est pas grave, ça va nous permettre de perdre des graisses. Il faut toujours voir le bon côté des choses.

Pendant que tu nous roules notre bouteille de champagne, je vais prendre une douche.

« Ça fait du bien de se laver après un tel effort ! Divin, c'est pour ça que Tu m'as amené ici, pour que je renaisse ? Pour que je renaisse dans l'effort, dans l'effort et par la lecture ? Pour que j'accouche de mon nouveau moi ? Je me lave donc une fois pour toutes de mon ancienne vie, de mon ancien moi, le racketteur, l'embrouilleur, le puncher, le dealer. Adios passé ; adios Blondin, place à l'avenir. C'est officiel : mon avenir commence ici et maintenant. »

– Me voilà propre comme un sou neuf.

– Profites-en bien, parce que j'ai l'impression que dans une poignée de minutes, la sueur sera de retour.

– Avec cette chaleur, ça ne fait aucun doute. Je ne parlais pas de cette nouveauté éphémère-là. Je parlais de notre renaissance. Aujourd'hui est à marquer d'une pierre blanche, c'est notre Big-Bang identitaire ! Nous ne sommes plus ce que nous étions, nous sommes ce que nous devenons, nous ne sommes plus des pommes pourries du pommier de l'exclusion, nous sommes désormais les racines du pommier de l'émancipation.

– Bien dit, t'es inspiré, et t'as pas encore fumé. J'repensais à ce que tu disais tout à l'heure, sur le bon côté des choses qu'il fallait toujours voir.

– Essayer en tout cas.

– Là ch'uis d'accord avec toi. Mais c'est pas toujours évident de le voir, ce bon côté. Tiens, allume le joint, à toi l'honneur, tu es le héros du jour. Par exemple, comment expliquer à une fille qui vient de se faire violer qu'il y a un bon côté à ce qu'elle vient de vivre ?

– Wahouh, tu l'as parfaitement roulé, merci. L'exemple de la fille violée, c'est délicat. Et pourtant, si elle n'en est pas morte, ce viol va forcément la renforcer.

– Ouais, ce qui ne tue pas rend plus fort, mais ça peut aussi handicaper ou traumatiser. C'est comme la prison, il y en a beaucoup qui n'en sortent pas plus fort mais plus affaiblis, ils rentrent en mode bloc de granit, ils ressortent en mode fleur sans pétales. Certains, en plus d'y laisser leurs couilles, y laissent leur tête. Regarde ceux qui reviennent du mitard après quarante-cinq jours, quand tu vois leur état, ça te donne une idée de ce à quoi peut ressembler l'enfer. De vrais cadavres-en-sursis. J'vois pas ce qui les attend dehors, à part la galère, la solitude et la défonce.

– C'est sûr que le mitard, ça calme. Pour moi, Richard, c'est une balle dans la tête des droits de l'Homme, une balle tirée à bout portant, de sang-froid, façon mafieux. Même si c'est pas tout le monde qui y va. Mais il n'y a pas besoin d'effectuer un stage au mitard pour devenir un cadavre-en-sursis-qui-empeste-l'exclusion : ceux qui dorment au D3 le sont sans avoir goûté au mitard. Ils le sont avant même d'atterrir en prison. Ch'ais pas si tu en as conscience, Richard, mais tu viens de soulever une très bonne question : est-ce que les droits de l'Homme sont une dette que la société doit à chacun d'entre nous ou est-ce qu'ils sont une récompense que la société nous donne ? Autrement dit, est-ce que tout le monde doit y avoir droit sans condition ou faut-il les mériter ? Parce qu'en France, tout le monde en profite, on ne pense qu'à réclamer ses droits comme un enfant gâté qui réclame des jouets. Personne ne parle jamais de ses devoirs.

– C'est pire que ça : aux oreilles de la plupart des gens, le mot "devoir" sonne comme du chinois. Ch'uis sûr qu'il n'est même plus dans le Larousse nouvelle version.

– Les droits et les devoirs, qu'est-ce qui vient en premier ? Sérieux le joint me donne des ailes, et pas des ailes de moustique, des ailes de Pégase. Mais même avec ça, mon esprit se heurte aux limites de mon ignorance. Reconnaissons-le : notre ignorance du sujet limite notre regard. Il faut absolument récupérer deux ou trois livres à la bibliothèque qui traitent du sujet. Ils vont nous donner les bons tuyaux, les bonnes lumières sur le bras de fer droit versus devoir. J'me souviens qu'au lycée, pour le bac, on avait vu la notion de devoir et on nous avait parlé d'un certain Kant, un taré avec un cerveau de malade. J'm'en souviens plus trop tellement c'est loin.

– P't'être pas si loin que ça. Ch'uis sûr que tu peux le trouver à la bibliothèque. Ça tombe bien : demain, c'est notre jour d'y aller.

– On va pouvoir prendre des munitions.

– Des munitions ?

– Ben ouais, le savoir est une arme, j'dirais même que c'est une arme à feu. Ça veut dire que les livres sont des munitions. « Ah ouais, Divin ! si le savoir est une arme à feu, tu peux me faire confiance pour devenir une véritable armurerie ! Mieux : je serai l'armée américaine du Savoir. Certes, ça me prendra un peu de temps, mais j'y arriverai. » Bordel, le footing de la mort, plus le joint de la vie, là ch'uis K.O, j'ai plus d'force. Vas-y, j'crois que pour moi, c'est l'heure de l'extinction des feux. Bonne nuit, Richard. Vive notre renaissance ! *« Ça y est, monsieur a lu deux trois livres, et il se sent déjà pousser des ailes. Eh, mon coco, être une armurerie, c'est bien ; mais pour servir à quelque chose et ne pas être qu'un objet de décoration, il faut lui ajouter un stand de tir. Tu dois savoir tirer. Ensuite, savoir sur qui tirer. C'est pas ton dieu qui te l'apprendra. Pas plus d'ailleurs, si tu t'en souviens bien, qu'il ne t'avait appris à te battre, à dégainer des gauches droites à la pelle. Non, c'est moi qui te l'ai appris ; tout comme je t'apprendrai à fusiller sans tremblement ni état d'âme. Tu verras, ce sera génial : ta renaissance sera fantastique ! Nian nian nian. »*

Chapitre 5

Le mépris n'a pas de limite.

C'est même sa marque de fabrique, d'être extensible à l'infini. Dans les faits, la liberté d'expression aime souvent prendre l'aspect d'un droit singulier : celui de mépriser.

Je vois mal comment résumer autrement l'intervention du ministre de la Santé qui, aujourd'hui, a pris la parole publiquement, au nom de mes valeurs, au premier rang desquelles pointe la solidarité. Il a osé, avec un ton des plus détachés, mettre en cause la mémoire défaillante des personnes âgées – il a tenu à insister sur ce point – pour expliquer l'inefficacité manifeste de la prévention sanitaire dont il a la charge. Déconcertant. Quel autre mot utiliser ? Il fallait le voir pour le croire. Il avait encore, étendu sur ses lèvres, la saveur des cocktails dégustés à l'ombre de la canicule, pendant que l'odeur des corps sans vie envahissait le territoire national. Si sa bouche prononçait les mots, son regard en disait d'autres. « Des milliers de prolos ridés en moins, c'est une aubaine pour les comptes de la Sécu », voilà ce qu'on pouvait entendre en écoutant parler ce regard de technocrate qui a une pierre à la place du cœur…

Certains avaient des doutes. Ils les ont troqués contre des certitudes : de fraternelle, la France du XXIe siècle n'a que le nom. Désormais, le monde entier en a le cœur net : sur le terrain de l'humanisme, rien ne la distingue plus des autres grandes nations. Quand tout va bien, l'électricité et le confort fonctionnent pour tous. Mais au premier coup de tempête, au premier naufrage qui survient, l'antique vérité reprend ses droits avec férocité : toutes les vies humaines ne se valent pas. Certaines sont à peine plus cotées qu'une sardine avariée. C'est ainsi, qu'elle soit ou pas démocratique, la société est hiérarchique. Pyramidale. On ne peut rien y faire, sinon perdre son temps à s'en plaindre, verre de rouge à la main, enfoui dans le caveau de l'impuissance, sous le portrait reluisant de Karl Marx ou de Jésus de Nazareth.

Et pendant que la cynique réalité de la vie en société poursuit son petit bonhomme de chemin, du côté de Fleury-Mérogis, la banalité-du-mal-carcéral cultive sa routine : les suicides, les bagarres et les parloirs se donnent la réplique avec la même passion. Sans oublier le troc. Au rythme des cantines alimentaires et des numéros d'écrou fraîchement débarqués, des boîtes de thon s'échangent contre des paquets de gâteaux ou des briques de jus ; des projets d'attaque à mains armées contre des adresses de grossistes-french-connectés.

Mais il est un produit, prisé entre tous, qui, ici plus qu'ailleurs, fait la pluie et le beau temps sur le visage des détenus : la cigarette. On peut dire, sans exagérer, qu'en prison, ce produit représente le nerf de la paix. Raison pour laquelle, le mardi, jour de sa livraison, les cours de promenade sont dans tous leurs états.

En ce dix-huitième jour du mois d'août, du haut de son piercing scintillant, Frédéric se mêle à l'effervescence. D'un geste affirmé, il sort de sa poche deux paquets de Marlboro qu'il tend à un détenu au physique bien portant. Physique au sommet duquel est planté un visage juvénile qu'une poignée de poils se sont donné pour mission de vieillir. En vain !

– Tiens, Farouk, les deux paquets, lui dit-il, en esquissant son sourire pacifique.

– Ci-mer de-Frè ! Vas-y, on fait comme on a dit : j't'envoie l'que-tru t'à l'heure, après la bouffe, t'inquiète, j'ai qu'une parole, et c'est pas une parole de pédé.

– Farouk, hier, c'est pas toi qui m'as supplié de te garder les paquets et qui m'a dit que ce serait bon pour aujourd'hui, que t'allais avoir du bédot en promenade ? lui demande-t-il, le sourire prenant des reflets jaunâtres.

– Si, c'est moi, mais, t'as vu c'matin, j'ai dû passer le bout qui m'restait à un grand d'chez moi. Il venait d'apprendre qu'il allait encore devoir gé-man deux piges alors qu'il aurait dû sortir dans deux jours. Les fils de pute ! T'imagines, deux piges en rab. Là, il était K.O, miskine. J'pouvais pas le laisser comme ça, en hess, rien qu'i'commençait déjà à péter une durite. En plus lui, wallah, c'est un mec bien, il m'avait déjà dépanné. Sur le Coran d'la Mecque, j'pouvais pas le laisser en chien, se taper les veines sans rien faire.

– C'est quoi cette disquette, Farouk ? lâche Frédéric, dans un profond soupir.

– Quelle disquette ? Sur la vie d'ma mère, de-Frè, q'c'est pas une disquette, wesh. C'est Rachid ! Regarde, tel'ment il a l'seum, là il est même pas descendu. Son co vient d'me dire qu'il a préféré rester en cellule pour s'buter au bédot et naress. J'espère juste qu'il va pas quercra, ils font toujours ça les bâtards : ils attendent que ta peine se termine, que toute ta famille se prépare à te revoir, que ta meuf s'épile la chatte pour bien t'accueillir et bim ! Coup de massue dans ta gueule, sans pitié, i't'ramènent une vieille histoire que tout l'monde avait oubliée. C'est pour ça, on m'a toujours dit qu'ici, tant q't'es pas dehors, t'es dans leurs mains ; ils te tiennent. Ces fils de pute, i'font exprès, ils veulent nous briser en mille morceaux, et ça marche, y'en a plein, ils sont arrivés ici en mode Terminator, ils sont ressortis en mode betterave, ils avaient plus d'ce-for, plus d'oseille, plus d'meuf ; plus rien ! Y'avait qu'Allah qui était là pour eux.

– Ok, Farouk, j'ai compris. Donc, tu m'envoies ça tout à l'heure ? tempête Frédéric d'un ton qui se veut néanmoins diplomatique.

– T'inquiète, tu verras, j't'enverrai un bon bout. Là j'vais aller l'récupérer au parlu et wallah que tu s'ras le premier servi et que tu s'ras pas déçu. Sur la tombe de ma grand-mère. Tu verras. Sinon Richard, il va bien ? demande-t-il avec l'assurance d'un homme politique en campagne électorale.

– Il va super bien ! J'lui dirai que t'as pris d'ses nouvelles, même si vous ne vous êtes encore jamais parlé.

Je ne pouvais imaginer que M. Diplomatie puisse verser dans ce genre d'échanges. La vie est pleine de surprises comme on dit. Et moi qui le pensais sain de corps et d'esprit, ou en tout cas engagé sur la voie de l'assainissement. Quelle grande naïve je suis ! Cela dit, avec du recul, que pouvais-je attendre d'un multirécidiviste ? On n'atterrit pas au D3 par hasard. D'ailleurs, l'adage le dit bien : on a beau laver l'ail à l'eau de rose, son odeur finit toujours par refaire surface. Là, quelques mois auront suffi.

À peine Frédéric s'éloigne-t-il de Farouk que ce dernier est rejoint par un autre luron, aussi grand que mince, au visage inamical et arborant la dentition chaotique de celui qui n'attend plus rien de la vie, excepté de voir le malheur se jeter au cou des autres.

– Wesh Farouk, qu'est-ce qu'il voulait l'Karl ? assène-t-il, tirant son visage comme s'il était assis sur la cuvette des toilettes.

– Rien, t'inquiète. Regarde il m'a passé des garettes-ci, répond Farouk, non sans un zeste de malice dans le regard.

– Quoi, i't'les a passées comme ça, normal ? demande-t-il étonné.

– Ben ouais, qu'est-c'tu crois ? Moi, le Karl, j'le gère.

– Mais tu vas lui donner chose-quel ou quoi ?

– C'est sa mère que j'vais lui donner, ouais. Ah ! Ah ! Ah ! D't'façon, qu'est-c'qu'i'va faire ?

– Et tu crois qu'i'va rien faire ?

– Qu'est-ce tu veux qu'il fasse ? S'il essaie de faire l'mec zarma ch'uis un chaud, on va l'mêler, il va goûter d'la air max requin, c'est tout ! Et comme ça, il fera moins le beau.

– T'es sûr ? Moi j'te dis fais bélek, il m'a l'air che-lou, les mecs qui rigolent trop, qui sont calmes comme lui, souvent c'est louche, quand ils se zarefff, ils se zarefff vraiment tarrh les ouf. Tu t'souviens pas quand il courait comme un gue-din, seul-tout ! Alors que le soleil nous mettait tous K.O, qu'on pouvait même pas respirer, tu t'souviens pas d'son regard, on aurait dit un légionnaire sa mère, en mode Ken le survivant ! C'est pour ça, moi j'te dis : fais bélek. En plus, wallah il est ti-gen.

– Vas-y vas-y, t'es sa meuf ou quoi ? Wesh. Ici, on est au hbess. C'est la jungle. Ici, la gentillesse ça sert à rien. Légionnaire mon cul, ouais. Il peut être Rambo, Conan le Barbare ou Jean-Claude Van Damme s'il veut, j'm'en bats les couilles, ça reste un homme. S'il fait l'malin, j'vais pas rigoler avec lui, moi j'te dis, c'est pas un putain de Karlouche qui va mettre la pression à un Arabe, c'est impossible. Im-po-ssible !

Décidément ce langage des jeunes de banlieue restera une énigme pour moi ; aussi énigmatique que le triangle des Bermudes. J'ignore ce que Farouk vient précisément de dire mais, à en croire le ton de sa voix et son regard austère qui contraste radicalement de celui qui l'animait durant son échange avec Frédéric, j'ai tendance à penser que le compte rendu qu'il vient de dresser à l'oreille de son acolyte n'était pas teinté que de bienveillance. Apprendre que ce regard était celui de Brutus lorsqu'il conspira contre son père adoptif ne me surprendrait pas. Un regard assoiffé de trahison.

Ce regard, Frédéric ne l'a pas vu. Il se dirige vers les trois comparses en compagnie desquels il a coutume, quand il ne court pas, de partager son temps de promenade. Avec eux, il a tissé des liens on ne peut plus chaleureux, rythmés par de vibrants éclats de rire. Leurs visages indiquent qu'ils sont dans l'attente d'une réponse à une question – à LA question – qui les a tenus en haleine.

– Alors, Fred, c'est comment ? Il te l'a donné ?

– Non, il m'a rien donné, il m'a dit qu'il me donnera ça tout à l'heure.

– Dis donc, ne nous fais pas ça, on sait qu'il t'a donné.

– Je te jure qu'il ne m'a rien donné, au nom de Dieu, j'ai même l'impression qu'il me prend pour son petit du quartier qu'il peut jongler comme il veut.

– Qu'est-ce qui te fait dire ça ?

– C'est la façon avec laquelle il refusait de s'attarder sur notre deal. Il n'a cessé de vouloir trouver un sujet dans lequel engouffrer une diversion. Mais je lui ai montré que je ne n'étais pas venu au monde hier, ni même avant-hier.

– Tu sais qu'avec les Arabes, c'est toujours comme ça, ils sont pires que le serpent, on ne peut pas leur faire confiance, au nom de Dieu, on ne peut pas !

– Et c'est un feyman qui est en prison pour escroquerie qui dit ça ? Mon frère, ne me fais pas rire, j'ai grandi avec des Arabes, et c'est même un Arabe, Jamal, qui m'envoie les do qui me permettent d'être comme un pacha ici, loin de toutes les tracasseries financières qui chauffent la tête.

– Ah bon ?

– Je te dis !

– En tout cas, moi, on dira c'qu'on voudra, personnellement, je n'ai jamais pu m'entendre avec un Arabe, pas un seul. Ils adorent trop mal te parler ; surtout quand ils ont un petit pouvoir, là ils te piétinent toute la journée. Et quand t'es un Noir, alors n'en parlons même pas, pour eux, les Noirs sont leurs esclaves. Ce n'est pas comme avec les Blancs qui nous prennent pour des enfants, d'ailleurs dans la langue arabe les mots "esclave" et "Noir" sont synonymes, ça veut tout dire. C'est pour ça que moi, plus je me trouve loin d'eux, mieux je me porte.

– Toi aussi, Yves, tu connais un peuple sur cette terre qui ne prend pas les Noirs pour des esclaves ? Répondsmoi sincèrement. Au moins, l'Arabe, tu sais qu'il ne t'aime pas, c'est écrit sur son front. Il suffit d'avoir les yeux ouverts et de savoir lire. Avec le Blanc, le Français, c'est pire. Ce n'est pas une question d'être pris pour un enfant, non, c'est une question d'hypocrisie. Avec le White un minimum éduqué, tu ne peux pas savoir ce qu'il pense de toi. Impossible. Il peut te sourire matin, midi et soir, manger avec toi, et au fond de son cœur te mépriser jusqu'àhhhh. Et quand il te dit qu'il aime bien les Noirs d'Afrique, c'est pour leur envoyer du riz ou des vêtements usagés qu'il ne donnerait même pas à un clochard ici. Tu as lu *le Code noir*, non ?

– *Le Code noir* ?

– Donc, tu ne connais pas *le Code noir* ? Tu lis quoi ? *Voici*, ce n'est pas de la lecture, j'espère que tu le sais, mon frère. Sérieusement, si tu veux savoir ce que le White a dans le cœur, tu dois lire *le Code noir*, et très vite ! Au nom de Dieu, tu vas comprendre le monde.

– Carrément, comprendre le monde ? Et l'univers avec, pendant que tu y es, non ? Quoi qu'il en soit, Hervé, merci pour l'info. Je ne te cache pas qu'en ce moment, je suis plongé dans *Ainsi parlait Zarathoustra* de Nietzsche et dans *Un long chemin vers la liberté* de Mandela, mais compte sur moi pour le lire dès que j'en aurai l'occasion.

– Tu dis vrai-vrai, de-Frè ? L'Arabe là ne t'a donc rien donné ? Ou alors tu fais ton Juif. Je know que tu partages ta cellule avec un des fils de Moïse, on ne sait jamais, peut-être qu'il a déteint sur toi.

– Toi aussi, Hervé, dis donc. Est-ce qu'il a besoin d'être avec un Juif pour faire son Juif ? C'est un Bam's, c'est suffisant.

– Mouff, regardez-moi celui-là ! Toi-même tu es quoi ? Tu n'es pas Bam's ? Avec ta tête de macabo-mal-pilé.

– Justement ! C'est parce que je suis un bon Bamiléké que je connais très bien les Bamilékés, je know plus que quiconque comment ils fonctionnent et comment ils dysfonctionnent.

– Comme aurait dit Jean-Miché Kankan, Farouk m'a dit qu'il est descendu en bas mais que sa drogue est restée en haut ! Tout ce que je peux vous dire c'est que j'espère pour lui que lorsqu'il va remonter en haut, il ne va pas me dire que la drogue est descendue en bas, sinon, laissez seulement…

– Mais, mon frère, tu es né ici et tu imites notre Jean-Miché-national mieux qu'Hervé et moi-même, nous qui sommes pourtant nés au pays, à deux pas du marché central de Yaoundé. C'est encore quelle sorcellerie, ça ?

– C'est juste que chaque fois que la mater allait au pays, je la suppliais de revenir avec des cassettes de Kankan. Du coup je les avais toutes, et je les écoutais en boucle, non-stop. Résultat : ses sketchs, je les connais sur le bout des doigts. Dès que Farouk m'aura remis mon dû, soyez sûrs que votre part sera mise de côté.

– Ah, mon frère, espérons seulement qu'il ne va pas chercher à te jongler ou à te faire une roulette à la Zidane, c'est la spécialité des Arabes.

Noir, Blanc, Arabe. Arabe, Noir, Blanc. Blanc, Arabe, Noir. Pourquoi les jeunes n'ont que ces mots à la bouche comme éléments de ponctuation ? Pourtant dans mes forteresses scolaires, conformément à mes directives, mes chers hussards, les professeurs, ont toujours mis un point d'honneur à leur rappeler qu'il n'y avait ni Noir, ni Blanc, ni Arabe mais uniquement des êtres humains égaux en droits, frères en humanité et doués d'une commune raison. Que les seuls groupes qui existent sont les groupes nationaux, Français, Anglais, Allemands ou à la limite les groupes sociaux, riches, pauvres. Qu'il n'existe pas de groupes raciaux, sauf aux yeux des barbares du Ku Klux Klan ou des nazis obnubilés, eux, par l'idée de race. Je me demande bien pourquoi et comment ces mots de Noir, Blanc, Arabe continuent à être aussi populaires auprès de ma jeunesse du XXIe siècle. Les Gobineau, Cuvier et autres partisans de la classification hiérarchique de l'humanité en races sont morts et enterrés depuis belle lurette. Les mots qui véhiculent ces idées sont de véritables bombes à retardement : ils renferment des histoires remplies de blessures, de massacres, de barbaries ; des histoires qui, tôt ou tard, vont être réactivées, au nom de la vengeance sous couvert du devoir de mémoire. Ce moment s'approche à grands pas, je dirais même à vitesse grand V. Preuve en est : comme si de rien n'était, Frédéric vient de se voir conseiller d'effectuer un plongeon dans *le Code noir* afin, je cite, « de connaître le cœur de l'homme blanc ». Rédigé par un homme dit blanc, Colbert, *le Code noir* est un texte dont la fonction était purement économique. Il ne fut en rien une radioscopie du peuple dit blanc, peuple dont la majorité vivait, au moment de sa parution en 1685, dans des conditions proches de celles des esclaves dits noirs. Heureusement, ce livre n'a pas ses entrées ici, mais on peut le trouver dans le commerce. Et que se passera-t-il lorsque notre jeune étudiant mettra la main dessus ?

– Farouk !

Tiens, tiens, la nourriture a été servie depuis un moment et, une fois n'est pas coutume, la voix de Frédéric s'échappe de sa cellule.

– Oh, Farouk !

– Wesh, de-Frè !

– Ouais, ouais.

– C'est Aziz.

– Ah ouais, super, ça va ? Il est où Farouk ?

– T'as vu, i'naress.

– Quoi ? Comment ça, il dort ? Tu peux pas l'réveiller, s'te plaît ? On a un diezz à traiter !

– Ah t'as vu, c'est chaud. Lui, quand il dort, wallah, c'est pire qu'un coma : impossible de l'réveiller.

– Wesh, qu'est-ce que tu m'racontes ? Tu t'es mis en mode caméra cachée ou quoi ? Vas-y, vas-y, réveille-le, gros. On d'vait faire un baille, ou p't'être que c'est avec toi que j'dois l'faire. Il t'a pas donné un que-tru pour moi ?

– Quel que-tru ? Non, wallah, i'm'a rien donné. Mais attends demain, c'est mieux, tu verras ça directement avec lui.

– Comment ça j'verrai ça directement avec lui ? J'ai déjà vu ça avec lui c't'après-midi, en promenade. Tu m'as d'jà entendu appeler qui que ce soit ici ? C'est lui qui m'a dit de l'appeler après la gamelle.

– Ah t'as vu, moi, ch'ais ap.

– Oh, Farouk ! Wesh, tu t'fous d'ma gueule ou quoi ! Ch'ais qu'tu dors pas. Eh gros, fais pas l'fou, sur la vie d'ma mère, ça sert à rien. Dans la vie, y'a toujours plus fou que soi.

– Gros, j't'ai dit, i'dort. Et quand il dort, c'est impossible de l'réveiller.

– Il continue à faire zarma le mec, il naress. Ok. Eh Farouk, j'espère pour toi que t'as bien réfléchi à c'que tu fais, parce que demain... Vas-y, à demain : on s'capte en promenade. J'sens qu'on va s'amuser, demain ça va être ambiance Euro Disney.

Était-ce bien la voix de Frédéric ? Pour une surprise... Je ne le savais pas capable de s'exprimer avec cet accent de pit-bull des jeunes racailles illettrées qui fait le charme des zones de non-droit ayant poussé comme des verrues sur mon visage territorial, accent que les humoristes prennent plaisir à caricaturer, sous les applaudissements d'un public bobo avide d'exotisme social. Que se passe-t-il ? Je n'ai pas saisi la teneur de l'échange avec un certain Aziz, mais j'ai compris que Farouk était au centre. Une affaire le mêlant à Frédéric serait actuellement sur le feu. Et à en croire le ton avec lequel ce dernier vient de s'exprimer, on serait proche de l'affaire des missiles de Cuba. Je suis curieuse d'en savoir plus, par exemple, lequel des deux incarne JFK ? Si seulement j'avais le pouvoir de m'infiltrer dans les cellules. Mais si j'ai bien compris leur échange, demain, en promenade, ma curiosité sera comblée.

Chapitre 5 bis

– ALORS FRÉDO, j't'ai vu parler avec Farouk et lui donner les deux paquets de cigarettes. J'en déduis que pour ce soir, on a de quoi fumer. Ça va m'faire un bien fou. Cet aprèm, j'ai lu sur Louis XIV. Je pensais que c'était juste un roi accro à la baise qui passait son temps à explorer les belles-plantes-en-corset du royaume de France. Je ne savais pas qu'il était d'abord un guerrier. Il avait beau porter une longue perruque de drag queen, il avait de sacrées couilles : ce n'était pas un planqué façon de Gaulle ; la guerre, c'était sa première femme. J'te jure, j'ai trop kiffé ma lecture. Comment j'faisais avant pour vivre sans lire ? J'ai toujours pas la réponse. En fait, j'vivais pas. Bon, j'vais nous faire un p'tit repas, et en guise de dessert, on va déguster un bon bédot. Qu'est-ce que t'en penses ? Qu'est-ce qu'il y a ? Tu fais une tête bizarre.

– Non, rien de grave, c'est Farouk. Il ne m'a pas donné ce qu'il devait me donner.

– C'est-à-dire ?

– Il ne m'a rien donné, niente, à part la promesse qu'il me mettrait bien après la gamelle. Sauf que j'sens qu'il a essayé de me disquetter.

– Qu'est-ce qu'il t'a dit au juste?

– Il m'a parlé d'un mec d'ici, un de ses grands, issu du même quartier que lui. On aurait rajouté deux ans à sa peine, alors qu'il était sur le point de retrouver les siens. Par solidarité, Farouk l'a dépanné en urgence, pour éviter qu'il ne sombre dans la folie. Résultat des courses : il n'avait plus rien pour moi. Mais il m'a assuré qu'il devait aller récupérer un bout au parloir. Là il doit y être.

– Et tu crois que c'est pas vrai ?

– Franchement, Richard, il y avait un truc qui n'allait pas, il n'osait pas me regarder dans les yeux. Peut-être que j'fais fausse route et qu'il va respecter sa parole. Mais c'est pas ça qui me travaille la tête…

– C'est quoi alors ?

– Imagine s'il s'est foutu de moi, qu'est-ce que j'fais ? *« Nian nian nian. Enfin, tu sors de tes rêves, tu commences à te réveiller à la réalité du genre humain. »*

– Frédo, pense pas à ça. Attends de voir, tu vas l'appeler après la gamelle ?

– Exact. « Pense pas à ça, pense pas à ça. J'veux bien, mais c'est plus facile à dire qu'à faire. Et si jamais il faisait l'fou, ce tas de graisse ? »

– Attendons de voir.

– Richard, il est quelle heure, s'il te plaît ?

– Bientôt huit heures.

– La gamelle est passée depuis longtemps, Farouk a dû revenir du parlu.
– Ouais.
– Vas-y j'vais l'appeler.

– Farouk ! Oh, Farouk !
– Wesh de-Frè !
– Ouais, ouais. « C'est pas la voix de Farouk, ça. »
– C'est Aziz.
– Super, ça va ? Il est où Farouk ?
– T'as vu, i'naress.
– « Vas-y, ça commence. » Quoi ? Comment ça, il dort ? Tu peux pas le réveiller, s'te plaît ? On a un diezz à traiter !
– T'as vu, c'est chaud. Lui, quand il dort, wallah, c'est pire qu'un coma.
– Wesh, qu'est-ce que tu m'racontes ? Tu t'es mis en mode caméra caché ou quoi ? Vas-y, vas-y, réveille-le, gros. On devait faire un baille, ou p't'être que c'est avec toi que j'dois l'faire. Il t'a pas donné un que-tru pour moi ?
– Quel que-tru ? Non, wallah, i'm'a rien donné. Mais attends demain, c'est mieux. Tu verras ça directement avec lui.
– Comment ça j'verrai ça directement avec lui ? J'ai déjà vu ça avec lui c't'après-midi, en promenade. Tu

m'as déjà entendu appeler quelqu'un ici ? C'est lui qui m'a dit de l'appeler après la gamelle.

– Ah t'as vu, moi, ch'ais ap.

– Oh, Farouk ! Wesh, tu t'fous d'ma gueule ou quoi ! Ch'ais qu'tu dors pas. Eh gros, fais pas l'fou, sur la vie d'ma mère, ça sert à rien. Dans la vie, y'a toujours plus fou que soi.

– Gros, j't'ai dit, i'dort. Et quand il dort, c'est impossible de l'réveiller.

– Il continue à faire zarma le mec, il naress. Ok. Eh Farouk, j'espère pour toi que t'as bien réfléchi à c'que tu fais, parce que demain… Vas-y à demain : on s'capte en promenade. J'sens qu'on va bien s'amuser, demain ça va être ambiance Euro Disney. « On verra si tu feras toujours le silencieux. »

– T'as vu, Richard, j't'avais dit. Mon intuition, c'est mon meilleur guide, elle avait raison.

– Qu'est-ce que tu comptes faire, du coup ?

– Là, j'avoue que c'est chaud, brûlant même. Tu connais ma politique : j'ai juré devant Dieu de ne plus recourir au langage des poings. J'étais convaincu de pouvoir gérer tous les problèmes avec les mots. Jusqu'ici l'efficacité de mon verbe a été sans faille. Regarde, la semaine dernière, avec le co d'Albo, quand il a voulu m'embrouiller pour rien, juste pour se faire un nom sur ma tête. Au final, je lui ai embrouillé le cerveau, en noyant sa colère dans un flot ininterrompu de phrases qu'aucun mec du ghetto ne lui avait jamais balancées. Il était égaré le pauvre. Comme dirait Lino, j'lai boxé avec mes mots : crochets, directs, uppercuts, j'lui ai fait la totale. Il avait plus de force, on aurait dit un ballon crevé.

– Ouais, j'me souviens, j'avais halluciné. J'étais mort de rire. Depuis ce jour-là, quand on le croise, il t'esquive du regard. Ah ! Ah ! Ah !

– J'avoue, c'était super drôle de voir un gorille se transformer en caniche. Sauf qu'avec Farouk, c'est différent, il se fout de moi, ouvertement. Tout le bâtiment m'a entendu l'appeler. Si je laisse faire ça, plus personne ne me respectera ici. Je veux bien passer pour un bouffon, mais pas au prix de mon honneur. Qu'on pense de moi que je suis un type bizarre, qui fait trembler les jupes mais qui tremble devant des flics, ça ne me dérange pas. Ceux qui me connaissent savent que je suis spécialiste autant en coup de rein qu'en coup de coude, je n'ai rien à prouver à ce niveau-là. Mais qu'on me piétine en public, c'est pas la même chose.

– Ouais, j'te comprends. Qu'est-ce que tu veux faire, vu que t'as juré de ne plus parler avec tes poings ?

– C'est ça le problème, Richard, j'comprends plus rien. C'est comme si mon cerveau était dans une machine à laver. J'étais persuadé que Dieu me protégerait de toute confrontation physique. Après avoir pris la décision de ne plus céder à l'appel de la violence physique, j'ai été testé au moins une dizaine de fois, Dieu n'a pas arrêté de mettre sur ma route des mecs que j'avais salement dépouillés. Or, à chaque fois, ils étaient en position de force pour se venger, ils n'avaient pas vraiment le cœur à me faire des hugs, au contraire, ils avaient du sang dans les yeux. À chaque fois, je leur ai exposé ma nouvelle réalité : celle d'un type qui a définitivement tourné le dos au monde de la violence, qui a pris sa retraite, tout en précisant que, quel que soit leur élan de vengeance, je ne chercherais pas à me défendre. Et, à chaque fois, ils finissaient par me laisser continuer ma route, sans m'envoyer au jardin d'Éden faire connaissance, au nom d'une vengeance expéditive, avec Aaliyah, 2Pac et Martin Luther King, même si, dans chaque équipe… On dit "dans chaque équipe" ou "au sein de chaque équipe" ?

– À l'oreille j'dirais "au sein de"…

– Moi aussi. La langue française, c'est pire qu'un Rubik's Cube. Bref, j'disais donc qu'au sein de ces équipes de thugs qui auraient pu me faire la peau, il y avait toujours le mec qui voulait absolument m'envoyer aux urgences. C'était toujours le plus maigre, celui que j'aurais pu briser avec mon petit doigt de la main gauche. Heureusement pour moi, ou plutôt Dieu merci, à part lui, personne ne faisait la sourde oreille, les autres voyaient bien que je n'étais pas en train de les disquetter, que j'étais plus sincère que lâche. À chaque fois, mes mots m'ont sauvé. Il m'est alors apparu évident que Dieu voulait savoir si ma promesse était gravée dans le marbre de ma volonté. C'est pour ça que là, j'comprends pas. Si j'laisse Farouk s'en tirer sans rien faire, mon honneur va se retrouver dans les égouts alors même que je suis en pleine renaissance. C'est ce que Dieu veut ? Richard, ça n'a pas d'sens, j'peux quand même pas renaître sans honneur ?

– Ch'uis d'accord avec toi. Selon toi, ça veut dire quoi ? Tu penses que Dieu veut que tu refasses le portrait de Farouk ?

– Ça non plus, ça n'aurait pas de sens. Surtout que si je me mets à taper cet hippopotame, j'te jure Richard, j'pourrais le tuer. Lorsque j'avais décidé de me retirer de ce monde de l'impulsivité, dominé par la violence dans sa version *Mad Max*, c'était suite à une bagarre. Ou mieux : c'est à la suite d'une bagarre que s'est imposée à moi la décision de me retirer de ce monde de l'impulsivité, dominé par la violence dans sa version *Mad Max*.

– C'est beaucoup mieux dit ! Y'a pas photo.

– Tu trouves ? C'est donc à l'issue d'une bagarre que la décision s'est imposée à moi : ce coup-là, je n'étais pas passé loin du meurtre. Je me suis tellement battu, j'ai envoyé tellement de patates et la vie m'en a tellement donné que la bagarre et moi, c'est comme Sherlock Holmes et Watson, une forte complicité nous unit. Résultat, j'ai l'âme d'un gladiateur : à la vue du sang, je commence à m'amuser. Oui, le goût de la barbarie s'empare de moi en un rien de temps, gèle ma conscience ; et quand ça se produit, je n'arrive plus à m'arrêter.

– À ce point ?

– J't'assure, Richard. Attention, j'te dis ça mais ne va pas croire que j'en sois fier. C'est là le piège du ghetto : il t'oblige à faire le fou, c'est le prix à payer pour gagner le respect. Personne ne portant jamais plainte, chacun doit se faire justice par ses propres moyens. Et comme la loi de la rue incite chacun à tester tout le monde, à un moment donné, si tu veux gagner le respect des autres, si tu veux que ton nom fasse trembler les murs, t'as pas le choix : t'es obligé de te montrer capable de faire une vraie dinguerie. Sur le bitume, il n'y a que deux options : soit t'es un prédateur, soit t'es une proie. Et le prédateur doit toujours être sur ses gardes parce que, du jour au lendemain, il peut devenir la proie d'un prédateur qui tient à forger sa réputation sur son dos. Beaucoup de mecs sont en prison à cause de cette logique de la violence extrême. Souvent c'est un de tes soi-disant amis qui met un couteau ou un gun dans ta main. Dans ces conditions, le drame est vite arrivé. Quand ton cœur est pris dans le tourbillon de la colère, quand tes yeux sont aveuglés par la honte, tu ne réfléchis plus. Ou plutôt, tu ne réfléchis plus qu'avec la haine. Une fois que tu te retrouves en garde à vue, seul, sans lacet ni téléphone, avec l'odeur de la pisse et le hurlement de la solitude qui t'ouvrent les yeux sur le cul-de-sac dans lequel tu viens de jeter ton destin, à ce moment-là, il est trop tard, le mal est fait. Et moi, sur le terrain de la violence, j'ai échappé de peu à ce funeste "trop tard". Ce n'est que lorsque le mec est sorti de son coma qu'on m'a libéré. Après ça, j'ai compris que Dieu ne me laisserait pas une autre chance.

– Tu ne m'avais pas dit tout ça.

– En tout cas, tu comprends pourquoi, là, ch'uis comme un Black Panther dans une réunion du Ku Klux Klan, ch'uis à la fois sur les nerfs et perdu comme jamais : si j'fais rien, j'perds mon honneur, si j'agis, je prends le risque de perdre mon avenir. Mais surtout, cela voudra dire que… non, j'ose même pas y penser… *« Nian nian nian, dis-le, vas-y, pourquoi tu te retiens : dis-le haut et fort! Que tu le dises ou non, ça ne change rien puisque tu le penses déjà. Je savais que tu reviendrais vers moi, tu ne pouvais pas te pas-*

ser de moi indéfiniment. Je te l'ai dit : je suis le seul dieu utile aux damnés comme toi, le seul ! Il n'y en a pas deux, nian nian nian, l'autre, celui que tu prends pour ton dieu, crois-moi, il a mieux à faire que de s'occuper d'un taulard dans ton genre. Si tu crois qu'il t'aime et qu'il te protège, alors t'es le roi des naïfs. Sois raisonnable, reviens vers moi, reviens au bercail ! Souviens-toi comment tu te sentais fort au temps où tu étais dans mes rangs. Les autres paniquaient comme des puceaux devant une prostituée quand tu apparaissais devant eux. Souviens-toi du respect que tu imposais. »

– Qu'est-ce qui t'arrive, Frédéric ? Tu fais une drôle de tête, en mode arrêt sur image. On dirait que tu viens de voir un fantôme.

– Non, t'inquiète. « J'peux quand même pas lui dire que le diable vient me faire des appels du pied. »

– Alors qu'est-ce que tu vas faire demain ? Franchement, j'aimerais pas être à ta place, ça doit pas être facile.

– Si tu savais ! J'commence à avoir la migraine, il serait préférable que je me mette au lit. Ça ira mieux demain. Je trouverai la solution dans la nuit. C'est pas comme s'il y en avait dix mille.

– T'as raison. Il paraît que la nuit porte conseil.

– Vas-y. Bonne nuit, Richard. Demain est un autre jour.

– Bonne nuit, mon frère. S'il te plaît, n'oublie pas tout ce que Dieu a fait pour toi. Moi, j'vais continuer mon livre sur le Roi-Soleil.

– Compte sur moi, mon frère, pour ne pas l'oublier. « Comment pourrais-je ? Dieu m'a tant donné, tant d'amour, tant de marques d'attention, tant de réponses. Impossible d'oublier. Avec Farouk, je ne vois pas d'autre solution pour laver mon honneur. » *« Nian nian nian ! Là je retrouve mon Général ! Rappelle-toi ce que je t'ai appris : la raison du plus fort est toujours la meilleure ; le faible est là pour se mettre au service du fort, de gré ou de force. Tu es beaucoup plus fort que ce fils de pute de sale Arabe, cette espèce de tas de graisse tout droit sorti de la Casbah d'Alger. C'est lui qui t'a manqué de respect, c'est lui qui a ouvert les hostilités. Tu es plus que jamais dans ton droit. Tu dois lui montrer qu'il a marché sur le pied de la mauvaise personne. Tu dois lui montrer ce qu'il en coûte. »* « Oh oh, Satan, du calme, j'te connais. J'connais ton produit, la haine, et ta méthode de vente. La raison du plus fort est toujours la meilleure, je sais que c'est ton slogan favori. L'ennui, c'est que cette affirmation est un affront à la logique. Comment savoir si l'on est plus fort avant la confrontation ? Là, c'est moi qui ai raison, mais si je recours à la violence et que je perds le combat, ça voudra dire que j'avais tort, alors même que j'avais raison ? C'est pas logique ! » *« La logique ? Qui t'a parlé de logique ? Si le monde était régi par la logique, ça se saurait. Les relations humaines, c'est pas dans tes cours de maths de la Sorbonne que tu vas en apprendre le fonctionnement. Plante-toi bien ça dans le crâne : le monde, c'est le festival de l'illogisme. Il n'y en a que pour l'émotion, que pour l'égoïsme. Lorsque les Blancs ont dépensé leur énergie à fouetter les Noirs et à exterminer les Indiens, tu crois que c'était par goût de la logique ? Non, c'était par désir de dominer, d'écraser l'autre. J't'en foutrais moi de la logique. Au moins tu ne m'as pas parlé de morale, cette fable pour enfant sans couilles. Écoute-moi bien, ce que les faibles appellent la logique ou la morale ce ne sont que des excuses pour justifier leur paresse ou leur incapacité à devenir forts, c'est-à-dire libres. C'est bien beau de lire du Nietzsche, mais à quoi bon si c'est pour passer à côté de son enseignement. »* « Satan, avec moi, tu te fatigues. Je ne suis pas acheteur. Va vendre la haine à quelqu'un d'autre. Maintenant que je suis rentré dans le monde des mots, ta technique me saute aux yeux : tu mitrailles les oreilles de ton potentiel client, tu lui remplis la tête de mots, histoire qu'il n'ait plus le temps de réfléchir. Il n'est alors plus qu'une boule d'émotion. Et ta porte d'entrée, c'est la colère. Tu surgis dans sa tête lorsqu'il est sous son emprise. Avec moi, ça ne fonctionne plus, je ne suis plus comme ces milliers de frères du ghetto qui se bousculent au fond du gouffre, qui n'ont d'autre but que de faire du biff, de montrer les muscles et de se faire respecter à chaque regard. Je n'en suis plus. Le Divin et ma mère m'ont sauvé de ton emprise, j'ai découvert la véritable arme, la lecture, la seule qui permette de devenir fort, parce que la vraie force, c'est celle de l'esprit. Toi, tu n'offres rien d'autre que la force du corps, la violence. » *« Attention, mon p'tit gars, j'veux bien plaisanter avec toi, mais ne me manque pas de respect. Tu te crois fort sous prétexte que tu as greffé à tes lèvres de nègre quelques syllabes qui sentent bon le café de Flore. Tu penses que tu vas pouvoir planer au-dessus de la violence du monde ? Ta naïveté m'émeut presque. Tu es si éloigné de la réalité du monde. Une réalité faite de confrontations physiques que, même tes Juifs, qui ne sont pourtant pas connus pour leurs muscles, ont fini par m'écouter, ils ont fini par comprendre qu'avant la morale, avant la justice, il y a la force. Tu connais Golda Meir ? Ça, c'était de la vraie force, dans un petit corps de femme. Tu connais sa célèbre phrase : "Nous préférons vos condamnations à vos condoléances." Cette phrase est devenue sienne depuis le jour où, en 1938, dans la fraîcheur de la ville d'Évian, les grandes nations du monde ont ri de la faiblesse des Juifs, tout en les abandonnant aux mains, pourtant ouvertement malveillantes, des nazis. Avec elle, les Juifs ont compris que pour vivre sans être une victime, il valait mieux être perçu comme bourreau. Les victimes, tout le monde s'en fout. Les larmes sont vite essuyées, les fleurs qui ornent les tombes sont vite fanées. S'il te reste encore un peu de jugeote, tu sais ce qu'il te reste à faire avec Farouk ; dès demain. L'heure est venue pour toi d'user à nouveau de ta force physique. Ton dieu comprendra, j'en suis sûr, puisque lui, loin d'être un eunuque, possède une sacrée paire de couilles. Nian nian nian!»* «Finalement, t'as peut-être raison. J'ai beau tourner et retourner le problème dans tous les sens, je ne vois pas d'autre solution que de lui régler son compte à ce mangeur de couscous. Advienne que pourra. Si je ne dis pas de bêtise, la déesse de la Justice ne tient-elle pas fermement une épée? Et ce n'est pas pour découper sa viande, encore moins pour beurrer ses tartines. Demain, je serai donc en mode *back in a day*, en mode Wu-Tang, en mode Tyson, en mode on-parle-peu-on-exécute-sans-sommation! Farouk, tu l'auras cherché, sale fils de putain d'ta mère, j'vais t'apprendre à lécher le sol.» *«Voilà ce que je voulais entendre! Là, j'te retrouve, putain, ça faisait longtemps. Nian nian nian.»*

Chapitre 6

Cet après-midi, pendant que des millions de Français au casier judiciaire vierge et au pouvoir d'achat moyen s'entassent pour faire bronzette sur les plages publiques de l'hexagone ; pendant que des millions d'autres Français au pouvoir d'achat tétraplégique rongent leur frustration de ne pouvoir profiter de cette activité estivale et envahissent les piscines municipales, à l'instar des hordes de Huns, les cornets de glace en guise de glaives ; pendant ce temps-là, du côté du D3, mon petit doigt me dit qu'il va y avoir de l'animation.

Hier soir, l'atmosphère s'est chargée d'une tension inhabituelle : notre diplomate respecté de tous depuis son fameux combat contre le soleil, Frédéric en personne, connu pour son scintillant piercing, son verbe aseptisé, son sourire communicatif, ses chemises de gentleman et sa combativité, a manifesté un goût inconnu jusque-là pour le rapport de force brut, à travers un ton menaçant et bruyant. Il a semblé avoir succombé au charme de la haine et être entré dans les rangs de la ghetto-attitude. Son ton était à mi-chemin entre celui de Marat, le chef de file des poches aussi vides qu'enragées qui, dans les premiers jours de septembre 1792, recouvrirent l'âme de Paris d'un gigantesque bain de sang, et celui d'Aussaresses face à un prisonnier FLN trop avare en confidence. Je ne sais plus, ma mémoire n'en fait qu'à sa tête. Une chose est sûre : le ton de Frédéric n'augurait rien de bon.

Tiens, quand on parle du loup… Eh bien, si son ton d'hier était sombre, que dire de son regard d'aujourd'hui ? Où est passée son élégance ? Est-ce bien lui ? S'il n'y avait pas son piercing, je n'aurais pas pu en être sûre. Cette démarche, ces vêtements, d'où sortent-ils ? C'est lui, mais ce n'est plus lui, il est un autre. Que s'est-il passé ?

Le voilà qui avance d'un pas rugissant. L'impatience l'escorte. Il se dirige, tel un missile à tête chercheuse, vers un groupe de détenus qui tente de tuer le temps en grillant une cigarette.

– Wesh, les rohs ! Vas-y vas-y, vous êtes les gars sûrs de Farouk, non ? T'as vu, là ch'uis pas v'nu pour ler-par. Vous m'avez pris pour l'dernier des fon-bou. Moi j'vais vous montrer c'est quoi un vrai thug. Qui est chaud là pour qu'on s'chiffonne salement, jusqu'à ce que mort s'en suive ? Vas-y vas-y, qui parmi vous a envie de se mettre en mode gladiateur ? Moi, ch'uis seul-tout, sans couteau ; juste avec mes couilles. Ch'uis super chaud bouillant, alors ? Wesh, entre corones en béton armé ou chatte épilée, vous êtes quoi ?

– Wesh, Fred. Qu'est-c'qui s'passe, rouhya ? Calme-toi, t'as vu, moi Farouk c'est pas mon pote, hein. J'ai rien à voir avec ses histoires.

– Pareil pour moi, j'm'en bats les couilles d'sa mère, wallah.

– Ch'uis pas venu pour parlementer. Vous préférez la jouer chatte épilée, tant mieux pour vous, ça prouve que vous préférez la vie à la mort. Il est où c'fils de pute que j'le dégonfle vite fait bien fait ?

– Il est là-bas, en train d'jouer au foot.

Je n'ai rien compris au contenu de cet échange, mais j'ai saisi que l'ambiance n'était ni à la discussion ni à la fête. Quelle drôle de scène : le groupe s'est mis à grelotter de lâcheté devant notre enragé du jour, telles des brindilles d'herbe devant une tondeuse à gazon. Et là, Frédéric fonce vers le mini-terrain de football à la manière d'un char d'assaut au regard de bison.

– Wesh, Farouk ! Vas-y vas-y, viens là !

À quoi diable suis-je en train d'assister ? D'un geste ferme, Frédéric se débarrasse de sa veste, comme il s'était débarrassé de son t-shirt pendant son footing de l'impossible. Il avance vers le préau, là où l'œil de la caméra de surveillance ne peut accéder, là où la loi du plus fort peut donc pleinement s'exprimer. Il retrousse ses manches, serre ses poings comme s'il voulait broyer la dernière once de pacifisme qui encombrait sa conscience.

– Vas-y vas-y, dépêche-toi !

– Attends, de-Frè, wesh, on peut parler, non ?

Comme retenu par un fil invisible, Farouk peine à avancer, lui qui pourtant, il y a quelques secondes, se déplaçait avec aisance à la poursuite du ballon rond. Son visage, qui n'a plus rien du faciès confiant de la veille, est désormais secoué, défiguré, charcuté par la peur.

– Farouk, hier après-midi, on s'était mis d'accord. Hier soir, j'ai voulu, comme convenu, te parler mais tu as préféré me prendre pour ta pute. Aujourd'hui, c'est à mon tour de ne plus vouloir parler. Vas-y vas-y, dépêche-toi, sur la vie d'ma mère, viens là. Tu vas voir ce qu'il en coûte de me prendre pour un boloss, j'vais t'montrer la vraie vie, j'vais t'apprendre le respect, sale fils de pute ! Tu m'as pris pour ta victime, parce que genre ch'uis tigen, j'gole-ri et que j'rends service ? Mauvaise pioche ! C'est l'heure de passer à la caisse, sale gros lard. T'as voulu faire le mec gonflé ; moi, j'vais te dégonfler vite fait bien fait. Dans la vie, tout se paie. J'vais te faire payer ton manque de respect, j'vais t'montrer qui ch'uis moi, la putain d'ta mère la reine des putes.

Où est passé Frédéric, qu'en ont-ils fait ? Serait-ce là les effets de l'incarcération sur l'âme humaine ? Qui est ce pit-bull dans les yeux duquel danse la haine, la vraie, la bestiale, la sanguinaire, la barbare, l'impitoyable haine ?

Je ne suis pas la seule à être surprise. L'habituel train-train qui ventile la promenade s'est littéralement figé. Tout net. Les détenus n'en croient pas leurs yeux. D'aucuns tentent une approche auprès de celui qui n'est plus qu'une grenade dégoupillée.

– Wesh, de-Frè, qu'est-ce qui s'passe la famille ? Calme-toi frangin, tente l'un d'eux, plus courageux que les autres ; ou plus suicidaire.

– Y'a pas d'calme-toi. C'est simple, celui qui veut jouer au héros et prendre la défense de ce tas de graisse, y'a aucun problème, il est le bienvenu, il sera servi. J'vais vous montrer c'qu'on appelle la barbarie. Qui veut remplacer cette baltringue ? Aujourd'hui, le sang doit couler et, sur la vie d'ma mère, il va couler.

– Mais non la famille, calme-toi, wallah, y'a rien, y'a pas drah. Farouk, c'est un tit-pe, dis-nous c'qu'il t'a fait, on va régler ça direct.

– C'est pas à moi qu'il faut demander, c'est à lui. Hier il m'a pris pour le dernier des cons, c'fils de pute. J'étais déjà au CJD quand il pissait dans son froc pendant que sa maîtresse lui tirait encore les oreilles, et c'est lui qui va venir m'faire la zère-mi, à moi, Blondin, à moi Alpone, à moi l'Agresseur ! À moi le douanier ! À moi le distributeur automatique de K.O ! C'est un gue-din, sur la vie d'ma mère, c'est un ouf. Si c'est ça la nouvelle génération, pas d'problème ; moi j'vais la rééduquer avec la manière forte ahhrr ! Viens là, sale fils de pute, que j'te dégonfle vite fait bien fait.

– Wesh, Farouk, qu'est-ce que tu lui as ait-ff ?

– J'lui dois un p'tit bout d'bédot.

– Arrête de dire que tu m'dois du bédot, sale fils de putain d'ta mère, j'vais monter en l'air ! Tu veux m'faire passer pour un xeu-to ou quoi ? Sale bâtard, va ! J'm'en bats les couilles de ton bédot, c'est pas l'bédot le problème, c'est le respect. Hier c'est pas toi qui m'as disquetté, en m'disant genre qu't'avais dû donner le bédot que tu m'devais à un de tes grands, mais que comme t'allais avoir parlu, t'allais m'envoyer un autre bout après la gamelle, c'est pas toi ? Et qu'est-ce qui s'est passé après le passage de la gamelle quand je t'ai appelé comme prévu ? Sale fils de pute, t'as dit à Aziz de m'dire que tu dormais, alors qu'il était même pas huit heures. Tu m'as pris pour ton bouffon, pour ton clébard. Qui dort à cette heure-là ? Hein, qui ? À part les ieuv, personne, surtout pas en été. C'est comme si tu m'avais craché un gros mollard à la gueule. En vérité, tu m'as pris pour un pédé, tu t'es dit "le Karlouche, il a un piercing, obligé c'est le p'tit frère de Magloire, j'vais bien l'enculer à sec!" C'est moi qui vais t'enculer ta mère, compris ? D'ailleurs, j'vais enculer tous ceux qui veulent faire les malins avec moi, ici et maintenant ! J'fais un prix de gros !

Si on m'avait dit que j'assisterais à une telle scène, j'aurais été prête à parier mon bonnet phrygien que non. J'en perds mon latin. La vie est faite de surprises, mais là, je crois que Frédéric est bon pour le service psychiatrique. Il est devenu fou. Même ses quatre fidèles acolytes de promenade ne le reconnaissent pas. Il est déchaîné, comme habité par un démon. Voilà qu'un détenu au front ridé tente une approche. Il sort de nulle part celui-là, en tout cas, son regard transpire le drapeau blanc.

J'ignore ce qu'un détenu peut trouver à dire à un autre détenu pour éteindre sa colère, mais les mots qu'il vient de glisser dans l'oreille de notre démon-du-jour semblent avoir un effet canadair. Le silence a remplacé le déluge d'insultes. Reste à savoir ce qui se passe dans son cœur.

– Farouk, viens ici, excuse-toi, espèce de hmar, va ! Comment ça, tu manques de respect à notre de-Frè ? C'est lui qui nous donne de la force ici, c'est lui qui leur

montre que nous aussi on sait ler-par tarrh le vrai français, et toi tu lui casses les couilles. T'es un ouf ou quoi ?
– De-Frè, sérieux, excuse-moi, c'est juste qu'hier j'ai eu parloir fantôme, et j'osais pas t'le dire par la f'nêtre, mais sur le Coran d'la Mecque que j'allais t'mettre bien, ch'ais qu't'es pas un bouffon, t'inquiète, tout le monde sait, surtout d'puis qu't'as fait ton tête-à-tête avec le soleil.

Que vois-je? Mes yeux me joueraient-ils un vilain tour? Les miracles auraient-ils droit de cité au D3 ? Si on m'avait soutenu, il y a une minute, que les choses s'apaiseraient, qu'un léger sourire viendrait s'abattre sur le coin de la bouche de Frédéric, j'aurais conclu à une mauvaise blague. Pourtant son sourire, certes encore léger, réapparaît ; son humanité semble refaire surface.

– Mouais, tu peux remercier ton grand, c'est un bon gars. Si tu veux un conseil d'ancien, ouvre bien tes oreilles : apprends à tenir parole, entre bonhommes, il n'y a rien de plus important, beaucoup d'mecs n'ont pas su respecter leur parole et ils ne sont plus là pour en parler. La rue, c'est pas l'Assemblée nationale. Dans le ghetto, un homme qui n'a pas de parole ne mérite pas d'être respecté, et un homme qui ne mérite pas d'être respecté, tôt ou tard, on le retrouve dans le marais, ou au fond de la mer, attaché à une pierre. C'est bon, on s'capte demain.

L'orage, pourtant hautement nucléaire, vient d'être propulsé au rang des mauvais souvenirs. Contre toute attente, le climat de paix est de retour.

La foule compacte qui entourait Frédéric se dissipe et laisse place à l'habituelle myriade de petits groupes. L'effusion de violence et de sang n'a pas eu lieu. La banalité carcérale a repris ses droits, avec son lot de mini-trocs, de mini-éclats de rire, de mini-séries de pompes.

C'est l'heure de remonter en cellule. Tiens, tiens. Une sorte de haie d'honneur se crée au passage de Frédéric. Ah, les hommes, toujours la même histoire, d'Alexandre le Grand à Jacques Mesrine, d'Hannibal à Gengis Khan, la violence garantit le respect. Ah, mes chers porteurs du chromosome Y, pauvres de vous ! Heureusement que nous, les femmes, nous sommes là pour maintenir la vie en vie, à l'abri de ce si sanguinaire, de ce si aveuglant orgueil masculin.

Existe-t-il plus grande prison que l'orgueil masculin ?

Chapitre 6 bis

– Frère, t'es sûr de toi ? Tu veux pas attendre de voir c'qu'il va te dire aujourd'hui, p't'être qu'il va te donner le bout de bédot, p't'être même un plus gros, qui sait ?

– « *Ne perds surtout pas ton temps à écouter cette couille molle, c'est qu'un lâche ! Pas étonnant, c'est un putain de juif-errant. Avec les lâches, le discours est toujours le même : tout sauf la guerre ! Au nom de leur fameux commandement de couille molle, de poule mouillée, selon lequel il est interdit de tuer, tu peux violer leur femme ou leur fille sous leurs yeux qu'ils trouveront toujours un moyen de préférer la paix au châtiment dur, ultime et sans concession. Non, ne laisse personne violer ton honneur sans réagir, tu m'entends ? Personne.* » Richard, ch'ais que tu dis ça pour mon bien. Mais toute ma nuit a été dédiée à la réflexion et ce matin, une conclusion me saute aux yeux : si j'veux encore pouvoir me regarder dans une glace sans avoir la nausée, je dois agir. Ce n'est plus une simple affaire de bédot…

– M. Nkamwa, bonjour.

– Bonjour, surveillant.

– Vous avez rendez-vous chez le psychologue.

« N'y va pas, c'est un traquenard ! À croire qu'ils se sont passé le mot. » « C'est bizarre qu'il veuille me voir aujourd'hui. Or, si c'est bizarre, c'est que Dieu est derrière. Qu'est-ce qu'Il peut bien me réserver ? » *« Arrête avec tes histoires de Dieu, ton divin de merde n'est ni ton père ni ton grand frère ; crois-moi, il a bien mieux à faire que de s'occuper du sort d'un taulard multirécidiviste. »*

– Vous voulez y aller ou pas ?

– Vas-y, Frédo.

– Oui surveillant, j'veux bien y aller. « J'ai rien à perdre. » *« Bien sûr que si : ton temps ! T'as mieux à faire que d'aller t'asseoir devant un connard en lunettes qui, sous prétexte qu'il a décroché un pseudo-diplôme en psychologie, se la joue Freud face à des numéros d'écrou pour lesquels il n'éprouve que mépris. Écoute-moi, c'est ce que tu as de mieux à faire : n'y va pas, profite plutôt des quelques heures qu'il te reste avant la promenade pour te mettre en condition façon Rocky. Tu as un portrait à refaire, peut-être même plusieurs. Avec les Arabes, quand tu te bats avec un, y'en a dix qui veulent te sauter dessus. Mais t'inquiète, sans leur couteau, ils sont aussi dangereux qu'un bataillon de vers de terre ! Nian nian nian ! »* J'enfile juste mes chaussures et j'arrive.

– Je vous attends à la grille, faites vite, s'il vous plaît.

– Frédo, profites-en pour parler de Farouk.

– T'inquiète pas.

– Bonjour M. Nkamwa, je vous en prie, asseyez-vous. Soyez à l'aise, ici, vous n'êtes pas en prison, vous êtes dans mon bureau.

– Bonjour monsieur. Merci. « *Qu'est-ce que je t'avais dit ? Regarde-moi cette belle tête de con. Celui-là, c'est sûr qu'il bande mou ou qu'il a un micropénis… "Vous n'êtes pas en prison" : c'qu'i'faut pas entendre comme connerie ! J'te l'ai dit : ce type ne te servira à rien, sinon à te montrer l'art du foutage de gueule.* »

– Tout va bien ? Vous m'avez l'air contrarié.

– Oui, je n'vous cache pas que j'ai un p'tit souci. Votre avis sera le bienvenu.

– Allez-y, je vous écoute.

– Voilà : en tant que croyant, j'avais fait la promesse devant Dieu, il y a presque deux ans, de ne plus me battre, de ne plus recourir à la violence, surtout à la violence physique. Or là, je dois faire face à un affront : un type m'a ouvertement manqué de respect. Du coup, il me place face à un dilemme : soit je brise ma promesse faite à Dieu et demande à cet effronté des comptes à l'aide de mes poings, soit je respecte ma promesse, quitte à retrouver mon honneur pendu au milieu de la promenade, comme un Noir à un arbre du Mississippi. Vous comprenez ?

– Je vois. Dites-moi, M. Nkamwa, vous connaissez Corneille ?

– Qui ne connaît pas Corneille ? J'adore son album, je peux l'écouter en boucle, non stop, sans me lasser. Il a fait un carton avec… Vous aussi vous l'aimez ?

– Je ne parle pas du chanteur – certes très talentueux. Non, je parle de Pierre Corneille, écrivain français du XVIIe siècle. Dans *le Cid*, la plus célèbre de ses œuvres, le personnage principal doit faire face à un dilemme de première importance, un dilemme mettant aux prises le devoir et le droit. Aujourd'hui, on appelle cela un "dilemme cornélien" dans le langage courant. Dans le langage plus savant, on appelle cela le "principe de dissonance cognitive" : face à deux choix et quel que soit celui vers lequel on se tourne, il sera lourd de conséquence, aussi bien positivement que négativement. Souvent, ces choix ont le pouvoir de déterminer une vie, sinon plusieurs.

– Intéressant, ça.

– En 1940, par exemple, Churchill a dû choisir entre le devoir de défendre la liberté contre la dictature et le droit de préserver la vie des Londoniens, peu concernés par la soif de conquête d'Hitler.

– Je comprends. Vous voulez dire que ch'uis face à un choix cornélien entre le devoir de respecter ma promesse et le droit de laver mon honneur ?

– C'est exactement ça.

– Mais alors, que me conseillez-vous de faire ?

– M. Nkamwa, je n'ai aucun conseil à vous donner.

Je suis psychologue, pas conseiller. Mais, je peux vous dire une chose : les grandes nations qui, à la tribune de l'ONU, prônent les valeurs humanistes et chantent les louanges du pacifisme, ont toutes, dans un de leurs tiroirs diplomatiques, la bombe atomique.

– *« Tu vois, j'te l'avais dit, même lui est d'accord. Finalement, il a p't'être un peu de couilles. À un moment, il faut savoir dire stop, trop c'est trop. »* « J'avoue, si même le psy va dans ton sens, dans le sens de la violence, c'est qu'elle s'avère la seule option. C'est décidé : Farouk, j'vais te faire regretter le jour de ta naissance, j'vais bien t'niquer ta mère. » *« Voilà enfin une sage décision de vrai bonhomme. Nian nian nian. J'étais sûr que tu n'avais pas perdu tes couilles dans les livres. Nian nian nian. »* Merci, monsieur.

– De rien, M. Nkamwa, de rien. Je serai ravi de connaître le dénouement de cette histoire. N'hésitez surtout pas à venir m'en parler.

– Aucun problème, monsieur, sauf si ch'uis au mitard. Allez, bonne journée, monsieur.

– Bonne journée, M. Nkamwa.

« Farouk, à nous deux ! »

– Alors frère, le psy, qu'est-ce qu'il t'a dit ?

– Tu vas être surpris, frère : il m'a rappelé que toutes les grandes nations qui se veulent les ambassadrices de la paix ont, sous leur coude, la bombe atomique.

– Je vois. Donc, tu crois qu'elles l'utiliseraient pour une simple histoire de bédot.

– Fais pas semblant d'être bête, ça ne te va pas. Non, simplement elles peuvent recourir à la violence si elles estiment cela nécessaire. Elles sont pour la paix, certes, mais pas à n'importe quel prix. *« Tu vois quand tu veux ! Je savais que tu ne faisais pas partie de ceux qui ont troqué leur caleçon pour un string. Nian nian nian. »* « Désolé Dieu, mais là tu ne me laisses pas d'autre choix que d'écouter le diable. » *« Arrête de lui parler, j't'ai dit ; il ne t'écoute pas. Concentre-toi sur tes couilles : dans la vie, ce sont elles qui te sauveront, et elles seules ! Le principe de survie passe avant la philosophie, tâche de ne jamais l'oublier. »*

– Si je comprends bien, tu as décidé de prouver à Farouk que tu pouvais être une bombe nucléaire. J'en connais un qui ne va pas tarder à faire un stage au mitard.

– Richard, c'est gentil de t'inquiéter pour moi, mais là tu dépenses ta salive pour rien. Dans la vie, il faut savoir se faire respecter. Bref, j'vais me préparer. *« Voilà, arrête de parler avec cette demi-couille molle, concentre-toi sur ta cible, et rien que sur elle ! »*

– Promenade ! Vous descendez ?

– Oui, surveillant.

– Putain frère, j'te reconnais pas : ta tenue, ton regard.

Wahouh, j'ai l'impression que t'es un autre homme. J'te cache pas que ça m'fait froid dans le dos de te voir comme ça.

– Richard, c'est pas Frédéric le gentleman que tu vois là. C'est le Black Attila, la caillera du ghetto qui envoyait des coups de coude dès le p'tit déjeuner, qui faisait régner la terreur, qui ne connaît ni la pitié ni le pardon. C'fils de pute de Farouk, j'vais lui défoncer sa grosse mère la pute ! Aujourd'hui, pour moi, c'est l'Aïd, et il sera mon mouton. *« Voilà, c'est ça ! Vas-y, va le réduire en pâtée pour chat. Nian nian nian ! »* Une fois que ce s'ra fait, Frédéric le diplomate sera de retour.

– Wesh, les rohs ! Vas-y vas-y, vous êtes les gars sûrs de Farouk, non ? T'as vu, là ch'uis pas v'nu pour ler-par. Vous m'avez pris pour l'dernier des fon-bou. Moi j'vais vous montrer c'est quoi un vrai thug. Qui est chaud là pour qu'on s'chiffonne salement, jusqu'à ce que mort s'en suive ? Vas-y vas-y, qui parmi vous a envie de se mettre en mode gladiateur ? Moi, ch'uis seul-tout, sans couteau ; juste avec mes couilles. Ch'uis super chaud bouillant, alors ? Wesh, entre corones en béton armé ou chatte épilée, vous êtes quoi ?

– Wesh, Fred. Qu'est-c'qui s'passe, rouhya ? Calme-toi, t'as vu, moi Farouk, c'est pas mon pote, hein. J'ai rien à voir avec ses histoires.

– Pareil pour moi, j'm'en bats les couilles d'sa mère, wallah.

– Ch'uis pas venu pour parlementer. Vous préférez la jouer chatte épilée, tant mieux pour vous, ça prouve que vous préférez la vie à la mort. *« Regarde-moi ces baltringues ! Ne perds pas ton temps avec eux, demande-leur où est ce gros porc de Farouk. »* Il est où c'fils de pute que j'le dégonfle vite fait bien fait ?

– Il est là-bas, en train d'jouer au foot.

– *« Il est sur le terrain en train d'essayer de maigrir, vas-y fonce-lui dedans, à ce gros bibendum. »* Wesh, Farouk ! Vas-y vas-y, viens là ! *« T'as raison, ramène-le, dans l'ombre. Les affaires sérieuses se passent dans l'ombre. La lumière, c'est pour l'hypocrisie, les clowns et les sourires de façade. Ne perds pas ton temps à parlementer avec lui, démarre-le direct ! Dès qu'il pénètre sous le préau, repense à tes ancêtres que ses ancêtres ont martyrisés pendant des siècles et décoche-lui une patate dans la bouche ! »* Vas-y vas-y, dépêche-toi !

– Attends, de-Frè, wesh, on peut parler, non ?

– Farouk, hier après-midi, on s'était mis d'accord. Hier soir j'ai voulu, comme convenu, te parler mais tu as préféré me prendre pour ta pute. Aujourd'hui, c'est à mon tour de ne plus vouloir parler. Vas-y vas-y, dépêche-toi, sur la vie d'ma mère, viens là. Tu vas voir ce qu'il en coûte de me prendre pour un boloss, j'vais te montrer la vraie vie, j'vais t'apprendre le respect, sale fils de pute. *« Ouais, voilà, insulte-lui sa mère la pute ! »* Tu m'as pris pour ta victime, parce que genre ch'uis tigen, j'gole-ri et j'rends service ? Mauvaise pioche ! C'est l'heure de passer à la caisse, sale gros lard. T'as voulu faire le mec gonflé ; moi, j'vais te dégonfler vite fait bien fait. Dans la vie, tout se paie. *« Ouais regarde-moi ce sale fils de pute d'Arabe ! Nique-lui sa mère la pute, montre-lui que l'esclavage c'était avant, montre-lui qu'il a manqué de respect à la mauvaise personne, que t'es pas son esclave. »* J'vais te faire payer ton manque de respect, j'vais t'montrer qui ch'uis moi, la putain d'ta mère la reine des putes. *« Vas-y de-Frè, vas-y Alpone, c'est bon, maintenant rentre-lui d'dans, va l'chercher, prends-le par le col s'il faut, et ramène-le sous le préau, vas-y regarde, tu vois bien qu'il veut pas avancer, vas-y, traîne-le jusqu'ici. »*

– Wesh, de-Frè, qu'est-ce qui s'passe la famille ? Calme-toi frangin.

– *« Il sort d'où celui-là ! Qui lui a dit d's'en mêler à c'fils de pute. Les Arabes, ils connaissent pas le un contre un, que le dix contre un. C'pas grave, s'il fait l'malin lui, tu lui envoies une droite de Tyson. Bim ! Tu le mets K.O. »* Y'a pas d'calme-toi. C'est simple, celui qui veut jouer au héros et prendre la défense de ce tas de graisse, y'a aucun problème, il est le bienvenu, il sera servi. J'vais vous montrer c'qu'on appelle la barbarie. Qui veut remplacer cette baltringue ? Aujourd'hui, le sang doit couler, et sur la vie d'ma mère, il va couler. « *Voilà, mets-leur la pression à ces fils de pute ! Montre-leur qui c'est le vrai ouf ici ! Vas-y vas-y, du sang, du sang, Frédo, aujourd'hui je veux voir du sang. Saletés d'Arabes ! Défonce-les tous.* »

– Mais non la famille, calme-toi, wallah, y'a rien, y'a pas drah. Farouk, c'est un tit-pe, dis-nous c'qu'il t'a fait, on va régler ça direct.

– « *Ne l'écoute pas c'fils de pute ! Il veut t'endormir, dis-lui que c'est plus l'heure de la diplomatie. Dis-lui que t'es pas descendu pour parler, mais pour cogner, pour châtier, que ton bras sera la voix de la justice et qu'il devrait plutôt aller parlementer chez sa mère la pute.* » C'est pas à moi qu'il faut demander, c'est à lui. Hier il m'a pris pour le dernier des cons, c'fils de pute. J'étais déjà au CJD quand il pissait dans son froc pendant que sa maîtresse lui tirait encore les oreilles, et c'est lui qui va venir m'faire la zère-mi, à moi, Blondin, à moi Alpone, à moi l'Agresseur ! À moi le douanier ! À moi le distributeur automatique de K.O ! C'est un gue-din, sur la vie d'ma mère, c'est un ouf. Si c'est ça la nouvelle génération, pas d'problème ; moi j'vais la rééduquer, avec la manière forte ahhrr ! « *Tu parles trop là, parle pas avec celui-là ! Concentre-toi sur Farouk.* » Viens là, sale fils de pute, que j'te dégonfle vite fait bien fait.

– Wesh, Farouk, qu'est-ce que tu lui as ait-ff ?

– J'lui dois un p'tit bout d'bédot.

– « *Regarde, i'continue à s'foutre de ta gueule. I'fait zarma le mec qui comprend pas pourquoi on veut l'hagar.* » Arrête de dire que tu m'dois du bédot, sale fils de putain d'ta mère, j'vais monter en l'air ! Tu veux m'faire passer pour un xeu-to ou quoi ? Sale bâtard, va ! J'm'en bats les couilles de ton bédot, c'est pas l'bédot le problème, c'est le respect. Hier c'est pas toi qui m'a disquetté, en m'disant genre qu't'avais dû donner le bédot que tu m'devais à un de tes grands, mais que comme t'allais avoir parlu, t'allais m'envoyer un autre bout après la gamelle, c'est pas toi ? Et qu'est-ce qui s'est passé après le passage de la gamelle et que je t'ai appelé comme prévu ? Sale fils de pute, t'as dit à Aziz de m'dire que tu dormais, alors qu'il était même pas huit heures. Tu m'as pris pour ton bouffon, pour ton clébard. Qui dort à cette heure-là ? Hein, qui ? À part les ieuv, personne, surtout pas en été. C'est comme si tu m'avais craché un gros mollard à la gueule. « *Ouais, t'as vu ça, c'est un truc de ouf, c'qu'il a fait : il t'a pris pour un pédé !* » En vérité, tu m'as pris pour un pédé, tu t'es dit "le Karlouche, il a un piercing, obligé c'est le p'tit frère de Magloire, j'vais bien l'enculer à sec !" C'est moi qui vais t'enculer ta mère, compris ? D'ailleurs, j'vais enculer tous ceux qui veulent faire les malins avec moi, ici et maintenant ! J'fais un prix de gros ! « *Ouais, encule-les tous, baise-leur leurs grands-mères à ces fils de pute d'Arabes!»*

– De-Frè, wallah, t'as raison, j'te comprends, gros. J'vais t'dire la vérité : tout ça c'est d'ma faute. J'ai pris le bédot du p'tit reuf hier. J'ai un seum de fou-malade, sur la vie d'ma mère, ch'ais pas s'il t'a raconté.

«Putain, i'sort d'où celui là?»

– Mais ils m'ont ramené une peine de sourd, ces bâtards, et quand ma go a appris la nouvelle, elle a craqué et m'a gué-lar. Ça faisait trois ans qu'elle m'attendait.

«Putain c'bâtard, il s'est cru dans Confessions intimes, *c'fils de pute de lâche.»*

– Sur le Coran d'la Mecque, quand elle a su qu'elle allait encore devoir attendre deux piges, c'était trop pour elle. Et ma dareune, elle est à l'hôpital : elle a pas supporté la nouvelle, elle non plus. C'est pour ça, en ce moment, c'est chaud dans ma tête, re-frè, c'est super chaud, ch'ais pas si j'vais tenir le coup.

«Putain, i'veut t'faire couler une larme ou quoi, c'fils de pute. Dis-lui qu'ici la seule chose qui doit couler, c'est le sang. Vas-y, dis-lui que tu t'en bas les couilles de son histoire, t'es pas son Kleenex.»

– Vas-y, Farouk c'est un p'tit, regarde-le, miskine, comment il s'est chié d'ssus, c'est comme si tu l'avais déjà hagar, t'as plus besoin de l'frapper. Pense à toi, tu sais bien qu'en c'moment, avec la canicule, les surveillants sont trop chauds, i'rigolent apsss, rien qu'ils envoient au tar-mi ces fils de pute ! Et là, ils sont en train de te regarder derrière la vitre sans tain là-bas. Ils m'ont déjà fait l'coup.

« Dis-lui qu't'en as rien à foutre du mitard, ton honneur vaut bien un p'tit séjour au mitard. »

– Tiens, regarde, j'te donne un p'tit bout.

« Té-ma c'bâtard, il te prend pour un policier africain, il veut te corrompre avec des miettes, il croit qu'il peut corrompre facilement ton sens de l'honneur, envoie-le chier. »

– Demain, c'est moi-même qui te donnerai le reste. Ch'uis pas un pédé, je sais c'que ça veut dire que de donner sa parole, t'inquiète, vas-y frérot, regarde-le m'skina ! Calle l'affaire, fais-le pour moi s'te plaît, j'te demande ça comme un service. Crois-moi, ça vaut pas l'coup qu't'ailles au tar-mi.

« Vas-y, Attila ! Nique-lui sa mère à ç'ui-là aussi. Genre, le mec, il s'prend pour ton guide, genre, i'sait mieux que toi c'qui est important dans la vie. »

– Le bout que j't'ai donné, i'va t'mettre bien, sur la tombe d'ma grand-mère !

« Jette-le, son bout d'merde, c'est trop tard. Ton honneur n'est pas à vendre. »

– Sérieux, de-Frè, moi ch'uis l'un des seuls à avoir compris ton concept : si t'es pas comme nous, c'est parce que t'a compris que le seul moyen de te libérer de la haine et de la ghetto-attitude, c'est en apprenant à parler tarrh les diplomates, sans insulte, sans rien, que du français propre. Quand t'as débarqué ici, tu parlais un peu comme nous. Y'a deux jours, j't'ai entendu parler aux surveillants, t'as grave progressé, c'est un truc de dingue, même dans l'accent. J'ai vu comment maint'nant, les surveillants, ils te donnent v'là le respect. Tu n'leur parles plus comme un pit-bull-sous-cocaïne, en mode toujours vé-nerr de ouf. Maint'nant, tu leur parles fluide, y'a pas de mot d'verlan, tu bégaies pas. T'es sur la bonne voie, retombe pas avec nous, tu vas te retrouver au tar-mi, c'est comme si tu étais au dixième étage et que tu voulais redémarrer au sous-sol. Wesh, continue à monter. Regarde, i'va s'excuser. Farouk ! Viens ici, excuse-toi auprès de lui, espèce de hmar, va ! Comment ça, tu manques de respect à notre Fred, c'est lui qui nous donne de la force ici, c'est lui qui leur montre qu'on sait ler-par tarrh le vrai français, et toi tu lui casses les couilles. T'es un ouf ou quoi ?

– De-Frè, sérieux, excuse-moi, c'est juste qu'hier j'ai eu parloir fantôme, et j'osais pas t'le dire par la f'nêtre, mais sur le Coran d'la Mecque que j'allais t'mettre bien, ch'ais qu't'es pas un bouffon, t'inquiète, tout le monde sait, surtout depuis qu't'as fait ton tête-à-tête avec le soleil.

« Eh ! Oh ! Pourquoi tu souris ? Attila, qu'est-ce qui t'arrive ? Non, me dis pas qu'ils ont réussi à te disquetter ? »

– Mouais, tu peux remercier ton grand, c'est un gars bien. Si tu veux un conseil d'ancien, ouvre bien tes oreilles : apprends à tenir parole, entre bonhommes, il n'y a rien de plus important, beaucoup d'mecs n'ont pas su respecter leur parole et ils ne sont plus là pour en parler. La rue, c'est pas l'Assemblée nationale. Dans le ghetto, un homme qui n'a pas de parole ne mérite pas d'être respecté, et un homme qui ne mérite pas d'être respecté, tôt ou tard, on le retrouve dans le marais, ou au fond de la mer, attaché à une pierre. C'est bon, on s'capte demain. « Ça s'voit dans ses yeux qu'il est pas bien et qu'il voulait pas m'la faire à l'envers. C'est vrai qu'il s'est chié d'ssus, tout l'monde l'a vu. J'ai pas besoin d'lui casser la bouche. » *« Qu'est-ce que tu racontes ? Il faut qu'tu cognes des bouches, rappelle-toi : tu as du sang à faire couler. »* « Sacré diable, t'as failli m'avoir. J'avoue : tu sais profiter des moments de faiblesse, tu m'as bien retourné le cerveau avec tes histoires d'honneur, mais Dieu est plus fort que toi. À la dernière minute, il m'a fait retrouver la raison, il m'a envoyé quelqu'un qui m'a bien remis les idées en place. Et non, je ne replongerai pas dans la haine et dans la violence. » *« Ah bon ? Je serais toi, j'parl'rais pas si vite, mon p'tit nègre. N'aie crainte, je n'en ai pas fini avec toi. Crois-moi, je finirai par te ramener au bercail, et je n'ai qu'une parole. Nian nian nian.* » « Cause toujours, et va recruter ailleurs. »

« Tiens donc, j'ai dû marquer les esprits. Déjà que pendant la canicule, ils ont compris que j'étais un vrai guerrier, et maintenant ils savent que ch'uis un vrai thug parmi les thugs. Ils me respectent. Ah, l'ghetto, ce n'est que par la peur que tu gagnes le respect. Carrément, les mecs ils me font une haie d'honneur. Dieu, t'es vraiment trop puissant. »

– Alors M. Nkamwa, il semblerait que ça a chauffé sous le préau ? Et que ce n'était pas à cause des rayons du soleil.

– Non, c'était rien, surveillant. Il fallait juste que je mette quelques points sur les i.

– C'est ce qu'on a vu. Il n'y a pas que sur les i que vous vouliez mettre des points, vous aviez l'air d'être sacrément remonté. Pendant un moment, on s'est même dit avec les collègues qu'ils avaient fini par vous faire péter les plombs, comme ils ont réussi avec certains d'entre nous. Et à la dernière minute, M. Chikroun est venu vous parler et vous êtes redescendu en pression, vous avez repris vos esprits. Je m'demande ce qu'il a bien pu vous dire. En tout cas, ça valait pas l'coup que vous finissiez au mitard, vous avez mieux à faire. La prochaine fois qu'un détenu vous pose problème, venez nous voir, on saura le régler, ok ?

– Je vous remercie, mais rassurez-vous, il n'y aura pas de prochaine fois.

– Si vous le dites. En tout cas, c'est tout le mal qu'on vous souhaite. Bonne soirée, M. Nkamwa.

– Merci, surveillant, bonne soirée à vous aussi. « Bordel, il avait raison l'autre frangin, les surveillants nous observaient à la loupe. Il m'a sauvé la mise celui-là. La vie est quand même drôle : j'allais être envoyé au mitard à cause d'un Arabe et finalement je n'y vais pas grâce à un Arabe. Dieu, t'es trop puissant. Tu viens de me donner une sacrée leçon : Arabe, Noir, Blanc, Juif, tout ça, ça ne veut rien dire. Quand j'vais raconter ça à Richard, il n'en croira pas ses oreilles. »

– Alors frère, qu'est-ce qui s'est passé ? D'ici, j'ai pas pu voir c'qui s'passe sous le préau. Je t'ai seulement vu parler à des mecs au fond d'la promenade, et après t'es parti chercher Farouk sur le terrain de foot, t'as commencé à enlever ta veste. Après, j'ai vu toute la promenade venir s'attrouper sous le préau. Alors ? Raconte.

– Richard, t'as raté un grand moment, j'ai pas eu besoin de faire de la pâtée pour chat avec le corps de

Farouk. Ch'uis même remonté avec du bon bédot. Laisse-moi t'raconter, tu vas voir à quel point le Divin est surpuissant. « Un jour ou l'autre, il faudra que je lui parle du diable. D'ailleurs, ça s'trouve, il essaie aussi de lui monter la tête. »

Chapitre 7

Les routes de France sont à nouveau prises d'assaut par les automobilistes. Les visages sont détendus, souriants, ils respirent les soirées barbecue, les balades en bordure de mer, les baisers arrosés, les virées sous-marines, les ambiances karaoké. Mais, la parenthèse dorée s'achève sur d'interminables autoroutes. L'heure est venue de refermer le chapitre vacances, de rentrer au bercail, de retrouver son passionnant travail, son non moins passionnant train-train quotidien, avec ses lourdeurs administratives et ses divertissements télévisuels ; sans parler des collègues qui n'auront profité que de la base de loisirs. Cette année, le silence est de rigueur sur le drame doublé de la honte nationale qui a traversé la patrie des franciscains et de l'abbé Pierre : l'épisode caniculaire et ses soixante-six cadavres. Lesquels, restés abandonnés de toute conscience familiale, ont dû achever leur route là où Mozart avait achevé la sienne : dans la fosse commune, celle des SDF-de-la-mort.

Pour ce qui est de la vie, d'ici quelques jours, elle rencontrera la rentrée scolaire. Ma rentrée, républicaine entre toutes. Car moi, je tiens mordicus à ce que chaque enfant bénéficie d'un enseignement scolaire, sans que ses parents n'aient à se couper un bras pour le lui garantir. Sur mes terres, l'illettrisme, qui est comme un poisson dans l'eau dans de nombreux pays, est sévèrement traqué, combattu, avec un certain succès. Si des enfants, à l'aube de leur seizième anniversaire, croient devoir tourner le dos à cet enseignement, à cette chance inestimable que je leur sers sur un plateau républicain, ça, je n'y peux rien. En somme, je peux leur servir un plat, mais je ne peux pas les forcer à le manger. Cela me déchire le cœur parce que je sais combien cette attitude rebelle les condamne à errer sur le bord de la route, à voir défiler celles et ceux qui se construisent leur petit bonheur. Elle génère alors une rage sans nom ni limite. Car, quand on n'a rien à perdre, pourquoi se retenir de violer la loi ? Quand liberté rime avec inutilité, pourquoi s'interdire le risque de la perdre ? Cette fatalité est la berceuse de la majorité des jeunes détenus encastrés dans le système carcéral français. Et le soir venu, ils tournent leur regard en direction des étoiles, espérant voir briller la leur. Hélas, très vite ils sombrent dans la résignation, constatant que la seule chose qui brille pour eux, au milieu de la nuit, c'est le spot du surveillant posté au niveau du mirador. Bonsoir tristesse !

Mais moi, Marianne V, chantre de l'unité et de l'indivisibilité, je n'ai pas le droit de pénétrer dans l'enceinte de la prison. En revanche, la prison a le droit de venir à moi. Je veux dire que la prison n'est pas un frein à l'éducation scolaire. La preuve, à la demande de sa mère et surtout de son professeur de mathématiques, l'un de mes généraux les plus émérites qui officie à la Sorbonne, Frédéric est sur le point de passer ses examens universitaires, en plein cœur du D3. Il se murmure qu'une salle lui aurait été spécialement aménagée. Son destin l'y attend de pied ferme, tel le futur marié attendant, à la mairie, l'arrivée scintillante de sa future épouse. L'ayant vu évoluer positivement au fil de ces derniers mois, j'ai de bonnes raisons de laisser mon cœur s'enivrer de confiance quant à sa réussite.

Le voici justement qui arrive en promenade. Visage détendu, fidèle à lui-même, élégant, il ne donne aucunement l'impression de jouer son avenir d'ici quelques minutes. Faut-il interpréter cette attitude comme un signe d'insouciance, une marque de désinvolture ? Ou comme le signe d'une increvable assurance, à la solide robustesse ? La réponse se fera entendre bien assez tôt. Pour le moment, notre gaillard affiche une décontraction sans retenue. Il a le visage de celui qui vient d'apprendre qu'il va devenir papa, de la bouche de celle dont il est éperdument amoureux. Oui, une bonne nouvelle colonise son visage. Et, à en croire les regards de ses acolytes, la même question imbibe leur esprit : qu'est-ce qui rend Frédéric si joyeux ?

– Alors, les frères, c'est comment ?

– Comme toujours : on est là, vaillants, jamais plaintifs et toujours aussi indomptés malgré les coups de fouet que la vie s'acharne à nous infliger ! Et toi, c'est comment mon frère ? On dirait que tu as gagné au loto.

– Ah ?

– Il a raison : ton visage brille jusqu'àhhh !

– Donc, d'ordinaire mon visage ne brille pas ?

– Ah toi aussi, laisse ça. Il brille toujours, la crème que tu utilises est efficace. Ne t'inquiète pas pour ça, didon ! Mais là, y'a autre chose…

– Ah ! Ah ! Ah ! Les frères, vous pourriez postuler pour être embauchés au 36 quai des orfèvres. Votre flair est à la pointe, vous avez vu juste, j'ai reçu une très bonne nouvelle, sans doute la meilleure de toute ma vie.

– Bon, on a compris : c'est la palme d'or des nouvelles. Dis-nous alors, whèhèhh, c'est comment ? Tu veux faire ton Hitchcock avec nous, mouff !

– Vous aussi, pourquoi vous me brusquez comme ça ? Je vais vous la livrer, la nouvelle : j'ai enfin découvert pour quoi je suis sur terre. Oui, j'ai découvert ma vocation !

– Découvert quoi ?

– Découvert ta vocation. Mais, mon frère, permets-moi de te dire que tu es en retard. Oui, tu es bien le dernier parmi nous à avoir découvert ta vocation. On en parle depuis le jour où tu as voulu manger Farouk. Nous, ta vocation, on la connaît déjà.

– Yah, les Kamers sont forts ! Ils savent mieux que toi ce que tu as en toi.

– On ne t'a jamais dit que personne ne voit le haut de son propre crâne ? Figure-toi que pendant que tu fais ton footing, il nous arrive de mettre ton cas à l'étude.

– Mon frère, pourquoi tu sors tes yeux d'étonné ? Tu fais comme si tu n'étais pas un cas d'étude. Tu as vu deux types comme toi ici ? Tu méritais qu'on t'étudie, correctement même ! En long, en large et en travers, comme les Whites aiment dire.

– Ceux que je côtoie disent plutôt "au peigne fin".

– Je suis curieux de connaître la conclusion de cette étude.

– Finalement, c'est plutôt à nous de te faire une annonce. Comme moi, je ne suis pas trop fan de l'Anglais au gros ventre, celui qu'on présente comme le roi du suspens, je vais te dire tout de suite : pour nous, ta vocation est limpide comme l'eau de roche, tu seras notre Martin Luther King, ici, en beng !

– Que quoi ? Qu'est-ce que vous racontez là ?

– Bon, je ne te cache pas qu'on a hésité avec Malcolm X, vu ton parcours. Parce que lui aussi est passé par la case prison, lui aussi a eu à y dévorer les livres, et lui aussi y a entamé sa renaissance.

– Sauf qu'on a trouvé ton discours optimiste.

– Mon discours ?

– Oui, celui sur l'intégration par la connaissance et la maîtrise du verbe. Un optimisme qui correspond plus à un pasteur qu'à un Black Panther. Si Malcolm encourageait l'éducation, il se focalisait surtout sur la légitime défense, et appelait à la séparation totale et définitive entre les Noirs et les Blancs. Il considérait cette séparation comme l'unique solution pour sortir les Noirs de la souffrance infligée par la white suprématie…

– Tu te souviens de sa fameuse métaphore sur le café au lait moins fort que le café noir ? Tu t'en souviens, non ?

– Qui t'a permis de me couper la parole ? Tu es fou ?

– Ah, mouff, vois-moi celui-là. Tu es qui ? Le Pape ? Va là-bas. Si on t'a dit que j'étais ton disciple, on t'a menti. Copieusement même.

– Voilà, tu vois, Frédéric. Regarde comment ton pays-ci nous gâte, il nous rend insolent un genre, là ! Il encourage à ne pas respecter les aînés. Les Français appellent ça faire son œdipe ou je ne sais trop quoi, là. Pour eux, c'est une attitude à encourager. Une de mes copines, une White de bonne famille, alors que je lui reprochais de mal parler à sa mater, m'avait expliqué que l'insolence était la marque de la liberté, de la créativité et du progrès. Selon elle, l'insolent c'est celui qui bouscule les règles, qui les remet en cause pour en créer de nouvelles plus adaptées à son époque. Elle me disait que, sans son insolence, Martin Luther n'aurait jamais permis à l'Europe de se libérer de la soumission aveugle dans laquelle l'Église l'avait enfermée. Inutile de préciser qu'elle n'était pas croyante, elle était la première des égarées.

– Hervé, tu parles de qui, là ?

– Ne me dis pas que tu ne know pas l'Allemand le plus célèbre… après Hitler ? Toi aussi Frédéric ? Tu ne sais pas que Martin Luther King n'est pas le premier Martin Luther à avoir joué un grand rôle dans l'Histoire ?

– Dis-moi un peu, est-ce que tu m'as un jour entendu prétendre que je connaissais tout. Je n'ai que quelques mois de lecture dans les jambes, j'ai encore beaucoup, beauuucoup de chemin à parcourir sur la route de la connaissance, avant de pouvoir conjuguer le verbe savoir à la première personne du singulier. Je n'ai que vingt-deux ans, tu en as trente ; donc sois indulgent. Peut-on demander à l'oiseau qui vient de naître de prendre son envol ? Toi aussi, whéhèhh !

– Ah ! Ah ! Ah !

– Ne nous éloignons pas, revenons au sujet. Nous disions que nous avons mis la main sur ta vocation : être un leader de la cause des Noirs en France. Tu es optimiste, tu présentes bien et tu es éloquent. En bon Kamer, tu es très intelligent, peut-être même trop, parfois tu fatigues. Il m'arrive de penser à ton co, Richard, sa tête doit chauffer. Supporter une bouche comme la tienne toute la journée, ça ne doit pas être une partie de plaisir. Grand leader, entouré de beaucoup de femmes, voilà ta vocation ! Essaie de nous dire que tu n'es pas d'accord, et nous saurons alors que tu es aussi un grand menteur !

– Si je comprends bien, vous souhaitez ma mort ? Car si je me souviens bien, que ce soit Martin Luther ou Malcolm X, on ne leur a pas laissé le temps de souffler leur quarantième bougie.

– Tu sais, la mort ne prévient jamais. Combien d'enfants meurent chaque jour dans le monde ? Ici bas, chaque destin a son calendrier personnel, ça ne sert à rien de penser à la mort, concentre-toi sur la vie, fais ce que tu as à faire. Tu es sur terre pour être un leader, que tu le veuilles ou non.

– Je ne dis pas que tu as tort, mais je sens que ma vocation première, c'est de parler avec ma plume. Oui, c'est l'écriture ! Seuls les écrits restent, ils transmettent, ils éclairent et par-dessus tout, ils ont le pouvoir de changer les mentalités en pro-fon-deur.

– Ah, j'ai compris : tu as lu Victor Hugo et tu t'es dit que tu allais écrire *les Misérables-nouvelle-version*, c'est ça ? Mais mon frère, aujourd'hui, la télévision a remplacé le livre.

– Attends, Yves, laisse-le nous expliquer comment il en est venu à cette conclusion.

– Merci, Hervé. Je vais vous dire comment cette évidence m'est tombée dessus. C'est la lettre que j'ai reçue de mon frère Amara, un ami d'enfance. Dans cette lettre, il m'explique que…

« Frédéric Nkamwa est attendu pour les examens. Je répète : Frédéric Nkamwa est attendu pour les examens. »

– Tu entends ? C'est pas toi qu'on appelle, là ? Tu as examen ?

– Oui, mes examens commencent aujourd'hui.

– Donc, ils vont t'emmener à la Sorbonne ?

– Ah ça, c'est la surprise. Tu t'imagines, si j'arrive dans l'amphi, menottes aux poignets ? J'y vais, je vous raconterai la suite après-demain. Souhaitez-moi bonne chance.

– Bonne chance ? Quelle chance ? Laisse ça aux autres. Parle-nous de mérite. Si tu as bûché comme les Kamers savent le faire, tu vas réussir, il n'y a pas de raison. Ici, ce n'est pas comme au pays : ce n'est pas ton nom qui te permet de réussir un examen, c'est ta compétence. C'est pour ça que, malgré le racisme qui coule dans ses veines, j'aime bien l'Occident. Ici on ne s'amuse pas avec le système scolaire. Quand on te donne un diplôme, ce n'est pas comme si on te donnait un chèque en bois. Donc, petit frère, va leur montrer qui tu es : un enfant d'Afrika !

Chapitre 7 bis

– Richard ! Ça y est ! « Enfin, merci Dieu ! »

– Quoi ?

– Ça y est ! Ça se confirme, mes amis, mes frères d'armes sont mes anges gardiens. Entre mon frère Ngopya, mon premier professeur de vie, qui m'a toujours apporté son épaule et son bras protecteur ; entre mon frère Olivier, aux côtés de qui j'ai appris les lois de la morale, qui s'est sacrifié plus d'une fois pour moi et avec qui j'ai découvert Dieu, lui du côté de la mosquée et moi, de la synagogue ; entre mon frère Yossi qui, avec toute sa famille, a inondé d'amour mes cicatrices et a récupéré les cours dont j'avais besoin ici pour réviser, c'est maintenant au tour de mon frère Amara, un futur grand basketteur, tu verras, et pas que par la taille, retiens bien son nom, Amara l'amiral, c'est à son tour d'illustrer la puissance des liens qui nous unissent. Figure-toi qu'il a eu la géniale idée de faire lire, à sa copine étudiante en littérature, la lettre que je lui ai envoyée. Et là, elle lui dit et redit que j'avais un don pour l'écriture, que j'avais l'étoffe d'un écrivain. D'un écrivain, t'entends ça ?

– Elle a parlé de don ?

– Ouais, regarde, il a même écrit DON en majuscule.

– En plus, elle ne te connaît pas, elle n'a pas pu être influencée.

– Exactement. J'vais te surprendre, mais ch'uis pas étonné. C'est comme si elle révélait quelque chose qui était au plus profond de moi. Quand je repense à mon enfance, je me revois pendant des journées entières à recopier mes cahiers, pour le seul plaisir d'écrire. Quand j'étais au CJD, j'avais adressé un courrier à un juge qui m'avait valu d'être libéré plus tôt que prévu, l'éducateur qui suivait mon dossier me l'a confié plus tard. J't'assure, Richard, je sens que je suis fait pour ça : écrire. Du coup, ça me motivera pour lire, lire et lire. Parce que pour écrire, il faut parcourir des tonnes de livres ; c'est évident. L'écriture, c'est le prolongement de la lecture. C'est pour ça que dans l'émission de Pivot, les écrivains ont souvent une couronne de cheveux gris et un bataillon de rides. Ah ! Ah ! Ah ! Moi, j'compte pas attendre autant pour pondre un livre. C'est décidé : je deviendrai écrivain ! Et tant qu'à faire, je deviendrai le plus grand écrivain du siècle. À quoi bon devenir écrivain, si ce n'est pas pour devenir le meilleur ? Moi, je ne fais pas partie de ceux pour qui l'important c'est de participer. Quelle foutaise, cette phrase. Et on s'étonne après que tant de gens refusent d'aller vers le dépassement d'eux-mêmes.

– J'te jure, même moi, j'ai jamais adhéré à cette philosophie de looser. C'est à cause d'elle que les Français ont baissé leur froc devant les nazis. Évidemment, on nous apprend que l'important c'est de savoir se plaindre au nom de la justice, mais pas qu'il faut aussi savoir se battre.

– J'te jure, la vie c'est soit une guerre, soit une compétition. Dans les deux cas, tu as intérêt à gagner, sinon tu sers de trépied au vainqueur et moi, je n'ai pas une nature de trépied. Je serai un grand écrivain ! Ou je ne serai rien du tout.

– M. Nkamwa ! Que vous arrive-t-il ? Calmez-vous. C'est l'idée de passer vos examens qui vous met dans cet état ?

– Mes examens ? Ah oui, j'oubliais tellement j'ai la tête dans les étoiles. Quoi, c'est maint'nant ?

– Non, cet après-midi. On viendra vous chercher. Ou si vous allez en promenade, on vous appellera. J'me suis laissé dire qu'il s'agissait d'examens universitaires. Ça nous change des B.E.P. J'me disais bien que vous étiez différent des autres. Maintenant, j'comprends mieux pourquoi vous portez une kippa.

– Comment ça ?

– Laissez tomber, j'me comprends. D'ailleurs, consigne m'a été donnée de vous dire que si un surveillant vous voit encore avec la kippa dans les couloirs, il sera dans l'obligation de vous la prendre.

– Me la prendre? T'entends ça, Richard? Alors là, surveillant, sans vouloir vous manquer de respect, pour y arriver, il faudra me passer sur le corps.

– Inutile de verser dans la dramaturgie, M. Nkamwa. Il y a plein de Juifs dans la rue qui ne portent pas de kippa, et cela n'a pas l'air de les affecter plus que ça.

– Vous avez raison : dans la rue, là où vous voyez une tête de Juif, vous ne voyez pas toujours une kippa. Vous avez bien fait de préciser "dans la rue". Laquelle ne recouvre pas tous les espaces de l'existence humaine. Si, par exemple, vous vous rendez dans une synagogue, il y a peu de chance que vous puissiez voir une seule tête de Juif qui ne soit pas ornée d'une kippa. Or, cela va peut-être vous surprendre, mais il se trouve que ma cellule, c'est ma synagogue à moi.

– Je vois… Mais dites-moi, vous êtes vraiment juif? Ne le prenez pas mal, je vous pose la question parce que certains collègues se la posent aussi. Pour être honnête avec vous, nous n'avons jamais vu de Juif… euh… comme vous.

– Vous voulez dire de Juif qui porte la même couleur de peau que moi?

– Oui, c'est ça.

– Rassurez-vous : votre étonnement n'a rien d'étonnant. Dans la tête des gens, un Juif c'est d'abord un visage pâle, comme disent les Indiens, y compris d'ailleurs dans la tête des Juifs. À tel point que les Juifs-couleur-caramel qui vivent en Israël sont un peu perçus comme des Roms : ils sont vus comme des citoyens, pas de seconde zone, de dernière zone !

– Ah bon ? Vous voulez dire que le racisme…

– Oui, rien de nouveau sous le soleil. Le sentiment raciste n'épargne le cœur d'aucune communauté. Pourquoi épargnerait-il donc celui des Juifs ? Pour répondre à votre question sur ma judéité, je dirais que si être juif, c'est avoir une mère juive, fermer la porte de son estomac à tout ce qui n'est pas casher, lire l'hébreu, étudier la Torah et observer le shabbat, alors je ne suis pas juif ! Richard non plus d'ailleurs. En revanche, si être juif c'est prier d'abord le Dieu de la vérité-logique, avant de prier le Dieu-de-l'amour, comme les chrétiens, ou le Dieu-de-la-volonté, comme les musulmans ; si c'est avoir la lecture comme oxygène, si c'est dépenser son énergie à rechercher le pourquoi de toute chose en fouillant les mots à la loupe, et par-dessus tout ; si…

– Fred, respire… Ah, surveillant, là vous avez ouvert une digue ; il va vous noyer.

– Vous inquiétez pas pour moi, M. Darmon : je sais nager.

– Si être juif, c'est ne jamais juger un acte ou une parole et toujours essayer de comprendre ce qui l'a motivé, si c'est additionner tous les avis sans en mépriser aucun, si c'est essayer de décrypter la réalité du monde dans toutes ses composantes, si c'est trouver des solutions aux problèmes que pose le réel, si c'est tout cela être juif alors oui, je suis juif ; et plutôt dix fois qu'une !

– Alors là, M. Nkamwa, je ne suis pas sûr d'avoir tout compris.

– En gros, je suis juif dans le sens où lorsque les gens rient ou pleurent, je m'efforce d'étudier leurs rires ou leurs pleurs sans chercher à les condamner ou à les acclamer. Étudier, c'est le mot clef. Si, pour résumer ma définition du judaïsme, il fallait en garder un, ce serait celui-là.

– Là, je comprends mieux. Sauf que si, pour vous, être juif c'est étudier et ne jamais prendre parti, vous allez vous attirer bien des foudres. Votre attitude doit être assimilée à celle d'un traître. Vous le savez bien, aux yeux de beaucoup, ne pas condamner équivaut à cautionner ; chercher à comprendre équivaut à chercher à justifier.

– Vous avez parfaitement raison, surveillant : grâce à mes dernières lectures, j'ai compris que nombreux croient penser avec leur tête alors qu'ils pensent avec le distributeur automatique de condamnation et de jugement moral qui leur sert de cœur. Leur esprit n'est en quelque sorte que le porte-parole de leurs émotions. Mais un porte-parole qui n'en a pas conscience, qui croit mordicus parler en son nom propre. La Rochefoucauld l'a bien dit : "L'esprit est le dupe du cœur."

– Joli ! La Rochefoucauld, je prends note. Moi, je connaissais plutôt Jean-Pierre Foucault !

– C'est votre dernier mot, surveillant ? Ah ! Ah ! Ah ! C'est peut-être joli, mais c'est surtout vrai.

– C'est mon dernier mot, pour aujourd'hui, en tout cas. C'est bientôt l'heure de la gamelle. Je vais donc vous laisser. Bonne journée, messieurs. Et je compte sur vous, M. Nkamwa : il faut que réussissiez vos examens.

– C'est noté. Merci, surveillant.

– Purée, Frédo, entre la lettre et tes examens, t'as super progressé dans ta façon de parler. T'as lâché des "il n'en demeure pas moins" et des "mordicus". Je me demande où tu es parti chercher ces expressions ; à entendre, c'est impressionnant. T'es un nouvel homme. Tes examens arrivent au bon moment.

– Tu crois pas si bien dire. Je vois cette journée comme une journée-déclic, une journée-providentielle. Il faut que j'fasse une petite prière pour remercier le Très Haut.

– T'as raison. Les gens ont tendance à lui adresser une prière quand ils ont un coup dur et qu'ils ont besoin de son aide, rarement pour le remercier de les avoir aidés. Je me suis toujours dit qu'ingratitude était le deuxième prénom de l'humanité.

– Carrément ! T'as fait le tour de la planète pour être aussi convaincu ?

– Non, t'as raison. Disons qu'ingratitude est le deuxième prénom de l'humanité française.

– Là, t'as pas tort. En France, les gens sont comme des enfants : à l'approche des fêtes, ils n'arrêtent pas de penser au père Noël et, sitôt les cadeaux déballés, hop, ils oublient le père Noël, sauf pour lui reprocher de ne pas avoir apporté tous les cadeaux demandés. C'est pas tout, il faut que j'la fasse, la prière, avant d'oublier, ce qui serait pire que tout. T'imagines le mec qui reproche aux autres de ne pas se mettre au régime, assis sur son canapé et s'empiffrant de cochonneries. C'est parti pour ma prière.

– Si tu veux, j'peux t'aider, j'connais quelques prières en hébreu.

– Non merci, Richard. Moi aussi j'en connais. Mais là, je vais prier avec les mots que me souffle mon cœur.

« Dieu, ô Toi mon seul et unique Guide, même si je devais passer le reste de ma vie à répéter à quel point je T'aime, à quel point je Te suis reconnaissant, à quel point sans Toi, je ne suis rien, ce serait trop peu, tellement tu me gâtes. Oui, quand je regarde autour de moi, ici ou dans la rue, j'en ai conscience : je fais partie de Tes enfants ultra-gâtés. Et Tu peux me faire confiance pour ne jamais l'oublier, pour ne jamais devenir pourri, et surtout ingrat ! Divin, j'ignore encore ce que Tu attends de moi, mais c'est quelque chose de grand, je le sens. Merci de m'avoir fait venir ici, au D3, d'en avoir fait le berceau de ma renaissance. Je ne me suis jamais senti aussi bien et aujourd'hui, par l'intermédiaire d'un frère, Tu me dévoiles ma vocation. Je ferai tout ce qu'il faut, tout ce que Tu attends de moi pour devenir ce que je dois être. Je crois T'avoir prouvé que j'avais de la détermination à revendre et que je savais la dépenser sans compter. Tu m'as prouvé que Tu ne m'abandonnerais jamais. Lorsque le diable a tenté de me faire replonger, ce saligaud, Tu m'as sauvé, à la dernière minute, tu m'as montré qu'il a beau parler et agir le premier, il n'a pas le dernier mot. Dans cette affaire, ce n'est pas à lui qu'est revenu le dernier acte, mais à Toi. Ce privilège, je m'efforcerai de ne pas en abuser. Je Te jure de ne plus jamais permettre au moindre micromillimètre de doute de venir chatouiller ma foi. Et quelle foi ! Aujourd'hui, elle est plus grande que mille Everest, plus vaste que mille océans, plus puissante que mille bombes atomiques. J'y veillerai, même si j'ai conscience qu'ici, dès lors que l'on espère être pris au sérieux, il est fortement déconseillé de trop en parler. Sur la place publique, foi et folie sont confondues. Encore merci. Gloire à Toi ! »

– Promenade ! Vous descendez ?

– Moi non, j'reste là avec Chateaubriand.

– Moi oui, surveillant, j'arrive. Eh, Richard, descends un peu. Pourquoi tu ne descends jamais ?

– À quoi bon descendre en enfer si tu peux rester au paradis ? À quoi bon descendre dans la boue si tu peux rester dans la soie ? Franchement, en bas, toutes ces tronches obscures vont me polluer la tête. Tandis que là, le génie de Chateaubriand m'éclaire l'esprit. Toi au moins, tu as ta clique de Camerounais qui t'attend, vous avez vos délires rien qu'à vous, alors que moi…

– Ouais, j'te comprends… « Il a raison, on n'sait jamais, la tentation du Subutex est dangereuse, inutile de tenter le diable. » À tout', vaillant lecteur ! Et bravo pour le "tandis que", tu l'as bien placé.

– T'as vu ça ? Ça doit être l'effet Chateaubriand. Il écrit tellement bien. Qu'est-ce que j'aurais aimé vivre à cette époque, les mots avaient plus d'importance que l'argent, les belles phrases étaient plus appréciées que les belles maisons. Bon, à tout', frère ! Tu n'as pas oublié ton stylo ?

– Impossible ! Mais merci de me le rappeler. « J'aurais p't'être dû ajouter Richard dans ma prière. Le problème, c'est que Dieu est solitude. C'est seul face à soi-même, dans la vérité de son propre cœur, que l'on peut prier avec la plus limpide sincérité. Prier pour autrui, c'est beau, mais ça n'a pas de sens. À part Dieu, personne ne sait ce que l'autre renferme dans son cœur. » *« Mais qu'est-ce que tu peux en débiter comme conneries, c'est incroyable. Tu crois que je ne sais pas ce qui se cache dans le cœur des hommes ? Tu as beau prier, tu as beau te raconter la messe, te convaincre, moi je sais ce qui se cache au fond de ton cœur ; je sais qu'il reste une bonne dose de haine, comme dans le cœur d'un enfant abandonné par son père. Tu ne pourras pas te voiler la face éternellement, je serai là pour t'arracher ce voile. Bon, aujourd'hui, tu as des examens à assurer, et j'ai besoin que tu les réussisses ; j'ai recruté un nombre suffisant de déscolarisés comme ça, je manque de généraux. Nian nian nian. »*

« Toujours aussi sombre, ce couloir, à croire qu'ils veulent nous maintenir dans les ténèbres du pessimisme. Ou p't'être qu'ils veulent nous faire comprendre que tout tunnel a une sortie, qu'il suffit de le vouloir pour en sortir ; ou p't'être que… »

– Wesh, de-Frè, bien ou bien ? Qu'est-ce qui t'arrive ? T'as le sourire de Mickey Mouse, on dirait que tu viens d'apprendre que t'étais libérable.

– Wesh, Aziz, t'es bien curieux dis donc. Figure-toi que j'ai reçu LA nouvelle que j'attendais depuis que j'ai atterri ici. Dis-moi, Aziz, est-ce que tu sais pourquoi tu es sur terre ?

– T'es comme ça, toi ? Direct t'attaques à la gorge. Siiii si, j'aime bien, tu fais cogiter. Ben ouais gros, j'crois q'je sais. Moi, ch'uis là pour essayer de ramasser un max de rassenets, histoire qu'Allah, Il me mette bien au paradis, parce que la vie sur terre, ça compte pas, c'est éphémère, c'est juste un test d'une minute qui, si tu le réussis, te permet de vivre cent ans. T'as vu, c'est rien du tout en vérité, la vie, c'est vite fait.

– Intéressant. C'est une façon de voir, j'la respecte. « En même temps, je ne peux que le comprendre : vu sa situation, s'il veut garder le goût de vivre, c'est tout c'qu'il peut se dire. Le pauvre, il n'a rien, il est en taule, seul le néant l'attend dehors, si ce n'est un autre billet direction Fleury. Au fond, l'islam, ça le sauve. Au moins chaque matin, il peut se convaincre que vivre dans le désert, c'est supportable, puisque ce n'est rien d'autre qu'un test qui, une fois réussi, lui donnera accès à l'oasis tant convoitée. » Je te souhaite de ramasser, comme tu dis, le plus de rassenets possible, mais bélek à ne pas te casser le dos en les ramassant !

– Tu fais gol-ri wallah, mais sur la vie d'ma mère, quand on t'voit rire, on dirait pas qu'en vérité t'es un ouf, p't'être même le plus ouf d'entre nous tous. Miskine, Farouk, i'm'parle encore de votre embrouille ; sur le Coran, tu l'as traumatisé. En plus, wallah qu'il voulait pas t'rotte-ca. Même si, j'avoue, il a déconné avec son délire zarma, il dort à huit heures tarrh les femmes enceintes.

– Cette histoire, c'est du passé, j't'assure. Elle était sortie de ma mémoire comme une fille que tu as rencontré en boîte alors que t'étais bourré à ras bord. Mais bon, il faut être capable de se faire respecter quand la situation l'exige, en montrant qu'un sourire d'agneau peut cacher des crocs de lion. C'est triste mais c'est comme ça.

– Comme tu dis, c'est triste, mais ça c'est l'sheytan ! Il kiffe ça, c'fils de pute, il kiffe chauffer notre orgueil.

– Exactement ! Bien Aziz, j'vois que ton cerveau, il fonctionne. « Décidément, aujourd'hui ch'uis pas au bout de mes surprises. »

– Qu'est-ce tu crois, gros, t'es pas seul à cogiter. T'inquiète, nous aussi on gère.

– Heureux de te l'entendre dire, mais si tu veux vraiment gérer, un conseil : fais en sorte que la lecture devienne ta première femme, ta drogue.

– Ch'ais qu't'as raison. Ma grande sœur, elle fait des études pour devenir avocate et elle arrête pas de m'le dire. Elle m'dit tout l'temps que genre la lecture, c'est la seule clef qui ouvre la porte de la vraie liberté. Elle m'casse la tête avec cette phrase.

– Embrasse ta sœur de ma part, et ré-embrasse-la! J'espère que tôt ou tard, tu finiras par suivre ses conseils, sauf si tu préfères continuer à jouer les durs, ambiance ghetto, en mode j'm'en bats les couilles de tout. Bon Aziz, p'tit reuf, à plus tard, j'vais rejoindre mon équipe.

– Siii si de-Frè, à tard plus. Et merci. T'as raison, nique-leur leur mère la pute à ces Gwers, mets-les à l'amende avec leur propre langue : comme ma sœur, montre leur que la langue de Molière, c'est pas que la langue de Mathieu, c'est aussi celle de Mamadou et de Mohammed. Ma sœur me l'a dit, y'a plus de mots arabes que de mots gaulois dans le français. Et surtout, montre-leur que c'est pas parce qu'on maîtrise la langue de Molière qu'on veut ressembler à Molière. Nous, on n'est pas des pédés. Vas-y frère, nique tout! Représente-nous.

– Siii si chacal! J'vais faire de mon mieux et merci pour l'info. « Il faut que je vérifie, ça me paraît trop gros. La langue française serait plus la propriété des Arabes que des Gaulois, ce serait fou quand même. Pauvre Aziz. Encore un cerveau en jachère! Et encore, avec lui, l'espoir est permis : sa sœur lui donne des conseils qui ne sortent pas d'une scène de *Scarface*. Ah, mes frères Kamers sont là, fidèles à leur poste de sages perchés, au-dessus de la masse des pit-bulls. Il leur manque juste une bonne Guiness pour être dans leur élément. Ah Dieu, Tu me gâtes trop. En cellule, ch'uis à la bibliothèque, ch'uis à la yeshiva et en promenade, ch'uis à Yaoundé ! » Alors les frères, c'est comment ?

– On est là, vaillants, jamais plaintifs, toujours indomptés.

« Frédéric Nkamwa est attendu pour les examens. Je répète : Frédéric Nkamwa est attendu pour les examens. »

– Tu entends ? C'est pas toi qu'on appelle là ? Tu as examen ?

– Oui, mes examens commencent aujourd'hui.

– Donc, ils vont t'emmener à la Sorbonne ?

– Ah ça, c'est la surprise. Tu t'imagines, si j'arrive dans l'amphi, menottes aux poignets ? J'y vais, je vous raconterai la suite après-demain. Souhaitez-moi bonne chance.

– Bonne chance ? Quelle chance ? Laisse ça aux autres. Parle-nous de mérite. Si tu as bûché comme les Kamers savent le faire, tu vas réussir, il n'y a pas de raison. Ici, ce n'est pas comme au pays : ce n'est pas ton nom qui te permet de réussir un examen, c'est ta compétence. C'est pour ça que, malgré le racisme qui coule dans ses veines, j'aime bien l'Occident. Ici on ne s'amuse pas avec le système scolaire. Quand on te donne un diplôme, ce n'est pas comme si on te donnait un chèque en bois. Donc, petit frère, va leur montrer qui tu es : un enfant d'Afrika !

« Leur montrer qui je suis, qui nous sommes, nous autres enfants d'Afrika. Il a raison, je ne dois pas oublier que je suis aussi un Africain, p't'être même d'abord un Africain, même si quand je suis parti au Cameroun, on m'a appelé le Blanc. Je suis l'échantillon d'une entité collective beaucoup plus grande que moi. Et cette entité, est-ce une prison dans laquelle je serais retenu ou une forteresse qui me protégerait des attaques extérieures. On verra ça plus tard, là je dois aller boxer avec une copie de maths, c'est l'heure du combat. »

– C'est vous, M. Nkamwa ?
– Oui, bonjour surveillant. « Tiens, un nouveau surveillant, il a pas l'air commode, celui-là. Il a la bonne tête du Blanc qui, au collège, recevait des gifles en guise de bonjour de la part de nous autres, et qui, aujourd'hui, a la vengeance qui coule dans ses veines. »
– Oui, bonjhh ; vous êtes attendu pour passer des examens, allons-y.
– « Carrément, le type il fait la grève du bonjour. Il a dû recevoir bien plus que des gifles, celui-là ; j'en

mettrais ma main à couper. » Je vous suis, monsieur le surveillant. « Ça s'trouve, sa femme a repris le flambeau dans la distribution des gifles. »

– Vous passez votre B.E.P. ?
– Euh, pas vraiment.
– Votre bac pro ?
– Non plus. « Cherche encore, mon gaillard. »
– Dans ce cas, qu'est-ce que vous passez ?
– Ce qu'on appelle un examen universitaire. Vous savez ce que c'est ? « Et bim, prends ça dans les dents. »
– Ah ? Donc vous êtes intelligent. Qu'est-ce que vous faites là alors ?
– Merci pour le compliment. Vous faites partie de ceux qui estiment qu'intelligence et études vont de paire et qu'un prisonnier est la version humaine de l'âne ? « Ch'uis prêt à parier que le bac général et lui, c'est le feu et la glace. »
– Disons que quand vous avez treize ans d'expérience de surveillant, c'est un peu ce que vous constatez. Si vous saviez le nombre de demi-demeurés que j'ai vu passer, des types qui ne comprennent rien à rien, excepté la manière forte ; pires que des animaux. Même mon chien comprend mieux que beaucoup de détenus.
– Wahouh, vous êtes dur, surveillant, aussi dur que la dent de Rome contre Carthage.

– Désolé, M. Kawa…

– C'est Nkamwa. Nkam-wa.

– Kawa, c'est pas mal aussi, vous ne trouvez pas ? Et puis, c'est beaucoup plus simple à prononcer. C'est aussi ça l'intégration, intégrer son nom à la langue du pays qui accueille. Comme je le dis souvent, c'n'est pas moi qui suis dur, c'est la vérité qui l'est. Moi, je ne parle que de mon vécu, je ne verse pas trop dans les grandes phrases. Ça me fait doucement sourire lorsque j'en entends vanter les vertus de la fraternité républicaine. C'est bien beau de parler d'égalité, de fraternité, mais dans le réel, la fraternité entre gens de différentes races, je n'en vois pas la couleur. Ni l'intérêt d'ailleurs. On parle toujours du racisme que subissent les Noirs et les Arabes, mais on ne parle jamais du racisme anti-Blanc. Quand vous osez dire ça, on vous traite tout de suite de raciste. Mais, Dieu merci, de plus en plus de Français blancs pensent comme moi, vous pouvez me croire.

– À moins que ce ne soit vous qui pensiez comme eux. Sinon, qu'est-ce que vous voulez dire par là ?

– Eh bien, de plus en plus de Français pensent que les races ne sont pas faites pour se mélanger.

– « Ç'ui là, ch'ais pas c'qu'il a subi, mais il est vraiment traumatisé, il me fait presque de la peine. » Vous voulez dire que la victoire à la coupe du monde, une victoire du mélange, ce n'était pas une bonne chose ?

– La coupe du monde, on me la sort tout l'temps, celle-là. Entre millionnaires, c'est facile de se mélanger dans la joie et la bonne humeur. D't'façon, la séparation, elle est déjà en train d'avoir lieu. De plus en plus de Français de souche quittent les quartiers, mais ça, bien sûr, on n'en parle pas à la télé, et pourtant, c'est un phénomène bien réel. J'vous dis que les livres, les études, les bons sentiments, c'est bien pour animer les dîners mondains, mais la réalité, c'est une autre paire de manches.

– Surveillant, ne le prenez pas mal, vous ne vous dites pas qu'il y a une justice sur terre et qu'on finit toujours par récolter ce qu'on a semé. Vous ne vous êtes jamais dit que vous et vos enfants récoltiez ce que vos parents, vos grands-parents, vos arrière-grands-parents, vos arrière-arrière-grands-parents ont semé en Afrique ?

– J'en ai rien à faire de ce que mes aïeux ont bien pu faire. Et puis, il faut arrêter avec l'esclavage et la colonisation. C'est facile aujourd'hui de critiquer. J'vais vous dire, ceux qui ne sont pas contents, rien ne les force à rester chez nous. Nous, on ne les retiendra pas s'ils décidaient de renter chez eux, car la France c'est "tu l'aimes ou tu la quittes". Au lieu de la quitter, ils préfèrent nous insulter, nous traiter de tous les noms, siffler *la Marseillaise*.

– « Il est plus que tendu, le surveillant ! » Tu l'aimes ou tu la quittes. J'vous comprends surveillant. Mais, l'amour ça ne se décrète pas, et la paix, ça se fait à deux. Or quand la discrimination vous rentre dans le lard, plaque votre ambition au sol alors que vous êtes diplômé, où est la marque d'amour? Quand on diffuse à la télévision le sketch d'un mec qui vous compare à un singe, où est le désir de paix ? Quand on vous dit que vous êtes du bruit et des odeurs, où est le désir de paix ? Quand on vous contrôle dans la rue en vous tutoyant, en vous parlant comme à un chien, où est le désir de paix ?

– La victimisation, toujours la victimisation. Sérieusement, vous n'en avez pas marre de toujours vous victimiser ? Quelle fierté avez-vous à vous enfermer dans le rôle de Calimero ? J'comprends pas. Les Juifs, quand ils nous bassinent à longueur de journée avec leurs chambres à gaz, j'peux comprendre, la plaie est encore ouverte, leur vengeance est légitime. Et puis, faut être honnête : ils font tourner l'économie, ils nous soignent, ils font de bons films. Alors que vous autres, à part vous plaindre, faire l'école buissonnière pour aller jouer les durs dans des clips de rap à deux balles, qu'est-ce que vous faites, j'me le demande ? Nous voilà arrivés, vous passez votre examen dans cette salle.

– Donc vous ne m'amenez pas à la Sorbonne. C'est vous qui me surveillez ?

– Quelle perspicacité ! On sent que vous êtes un sorbonnard, vous !

– « Le saligaud, il se paie ma tête. Du calme. » Ok ok, vous souhaiteriez bonne chance à un détenu, qui plus est issu d'une autre race que la vôtre ?

– Au moins vous ne manquez pas d'humour. Si les jeunes pouvaient parler comme vous plutôt que d'aboyer, il y aurait moins de haine et moins de tension. Tout le monde y gagnerait ; pas seulement les Juifs et les Chinois.

– Ch'uis parfaitement d'accord.

– Comme quoi, tout arrive. Bon, j'vous laisse. Vous avez un examen à passer. Et à réussir ! J'compte sur vous, hein, M. Kam... Nkamwa... Comme ça, j'pourrai dire à ma femme et à mes enfants que vous n'êtes pas tous les mêmes.

– Merci, surveillant. « Au fond, il n'est pas méchant. Raciste, il l'est juste devenu. Le diable a su trouver les mots pour le rallier à son mouvement. Sacré diable, il tire sa force de nos faiblesses. Mieux, il arrive à nous faire croire que nos faiblesses sont des forces. » Maint'nant, à moi de jouer ! Sorbonne, à nous deux !

Chapitre 8

SIX MOIS. Entre le Frédéric entré en prison au mois d'avril et le Frédéric d'aujourd'hui, comment ne pas remarquer un changement fulgurant ? Sa façon de marcher n'est plus ce qu'elle était. Il ne porte plus ses pantalons de la même manière : la ceinture qui épousait la cuisse et laissait son caleçon à l'air libre s'est hissée au niveau du diplomatique nombril. Et surtout, il ne s'exprime plus de la même manière : le robinet de wesh-t'as-vu s'est métamorphosé en fontaine de syllabes-baudelairiennes. La prison lui aurait-elle réussi ? En tout cas, en surface, cela ne fait aucun doute. Il va falloir attendre un peu pour savoir si ce changement touche aussi les profondeurs de son âme. En clair, débarqué en dealer, pur produit de son contexte, va-t-il ressortir en étudiant, producteur de son concept ? Je ne vais pas tarder à le savoir, les résultats des examens sont censés tomber d'un moment à l'autre.

Pour l'heure, le voilà qui se pavane, tel un paon au volant d'une Bugatti, au milieu des visages arides. Chaque pas qui le rapproche de son équipe de choc suscite une réaction, entre les ricanements quasi silencieux et les salutations chaleureuses.

Ne pouvant résister à l'envie de percer le secret de cette aisance affichée, un détenu dont le visage est un défi à la joie de vivre se rue vers lui et s'arrête aux abords de son oreille :

– Wesh, la famille ! Il faut qu'tu m'expliques un quetru, vite fait, si ça t'dérange pas.

– Je t'écoute.

– Ci-mer. Dis-moi, pourquoi, quand tu cours pas, tu t'habilles toujours comme si t'avais rendez-vous avec Salma Hayek ? Ça sert à rien ici de t'mettre frais, y'a pas de douces, y'a q'des couilles, ma couille. Habille-toi comme nous, wesh. Sauf si t'es un dè-pe.

– Eh l'ami, ne le prends pas mal, mais si on se retrouvait tous autour de la même table et que vous mangiez des lentilles alors qu'il y a du caviar, moi, j'opterais pour le caviar.

– Wesh, qu'est-ce que tu veux dire ? Zarma que t'es mieux que nous ?

– Non, mais aujourd'hui, quand je me mets frais, c'est pas pour plaire aux douces, c'est pour me plaire à moi-même. Et si en me plaisant, je plais aux autres, tant mieux, j'vais pas cracher dessus. Sinon, tant pis, cela ne m'enlèvera pas mon sourire. Je vis d'abord pour moi.

– C'est quoi cette disquette, wesh ? Tu marches pas avec un miroir.

– T'as raison, mais j'ai pas besoin de me regarder chaque seconde dans le miroir pour me sentir frais. Une fois suffit largement et je suis bien toute la journée. C'est comme le jour de ton mariage, tu es tiré à quatre épingles. Et pourtant, tu ne vas pas scotcher devant ton miroir, tu vas te regarder deux trois fois, et c'est bon.

– Hmmm.

– Quoi, t'es pas d'accord ? Ça veut dire que toi, demain, si tu te maries, tu vas te pointer à la cérémonie en survet' Lacoste, basket TN ?

– Bien sûr que non, wesh ! Mais c'est pas pareil, y aura ma femme.

– Eh bien, moi, ma femme, c'est la vie. Chaque jour, il faut que je lui plaise. Et quand tu lui plais, quand tu lui fais briller les yeux, j't'assure qu'elle te le rend bien.

– C'est-à-dire ?

– Ça veut dire que quand j'm'habille bien, les personnes que je croise me renvoient des sourires, pas des grimaces. Ils me donnent de l'énergie positive. C'est la même chose quand tu t'exprimes bien. Les habits, ce sont les mots que tu mets sur ton corps, et quand tu t'habilles en survet' basket, c'est comme si ton corps disait "j'm'en bats les couilles d'vos mères". Les mots, c'est pareil. Ils sont les habits de ton esprit.

– Non, là, t'exagères gros. Regarde, la dernière fois, je té-ma un reportage sur les milliardaires, ils ont montré un mec pété de thunes, ch'ais plus comment i's'appelle, c'était un Américain, habillé en t-shirt et short, normal, et qui disait "fuck" à chaque phrase. Tout le monde lui souriait dans l'hôtel.

– Les gens lui souriaient, à lui ou à son portefeuille ? Crois-moi, avant j'm'habillais comme toi. Aujourd'hui, j'vois la différence, même ici, les surveillants, ils me traitent bien, parce qu'ils ne voient pas une caillera. J't'assure. Et ils me le disent tous les jours. Après, tu as le droit de ne pas me croire.

– Mais moi, j'm'en bats les couilles des gens.

– Alors ne leur en veux pas s'ils s'en battent les couilles de toi. Si le surveillant met une plombe avant de venir quand tu l'appelles, si les flics te parlent mal, si les meufs ne te calculent pas…

– Les meufs, t'inquiète, j'les connais, ch'ais comment les gérer. Tout c'qu'elles veulent, c'est du biff, quand t'as du biff, elles te lèchent les couilles, elles t'appellent tout l'temps. Quand tu les vois, rien qu'elles veulent te faire des bisous, même si t'es habillé en survet'.

– Ça dépend des meufs. Si c'est une chienne d'la casse en mode michtonneuse du neuf-trois option B.E.P. vente, tu as raison. Sauf que, là aussi, c'est pareil : c'est pas toi qu'elle kiffera, ce sont tes billets, parce que si t'as rien à lui dire d'intéressant, si tu t'habilles en caillera et que tu ne lui parles qu'en wesh, crois-moi, elle va vite te zapper. En tout cas, elle ne te donnera pas son cœur.

– L'amour ! Wesh ! J'm'en bats les couilles de l'amour, c'est pour les pédés ça, les baltringues. L'amour, c'est une maladie qui t'enlève tes couilles. Un mec amoureux, c'est plus un bonhomme, c'est un canard. Une meuf qui t'aime, qui t'kiffe de fou, sur la vie d'ma mère comment elle t'casse les couilles, laisse tomber ! On dirait elle a plus d'copines, y'a plus que toi dans sa life. Et à force de t'casser les couilles avec ses bisous, ses câlins tout ça, elle te transforme : t'étais le dernier des thugs, tu deviens le premier des caniches, laisse tomber ! C'est un truc de ouf. Mon meilleur pote, c'fils de pute, zarma il est tombé amoureux. Wesh, du jour au lendemain, on l'a plus revu : il était h-vingt-quatre avec sa meuf. Du coup, nous, on l'a laissé, on s'est dit qu'il avait le droit de se zer-po pour fonder une famille, comme nos rents-pa. Eh bien, deux ans après, j'l'ai revu, miskine, la meuf, elle l'avait tèj, salement, comme un vieux sac à main. Et lui, il avait plus de ce-for, une vraie loque wallah. Et à c'qui paraît il est tombé dans l'héro et il est devenu un peu ouf, genre le mec, dans la rue, i'lé-par seul tout. C'est pour ça tes délires d'amour, nanani nanana, avec moi y'a pas moyen : ch'uis vacciné gros. Moi j'te dis : fais bélek. Tu peux t'habiller en mode super frais tous les jours, les gens, c'est des gros hypocrites : ils te sourient pour voir s'ils peuvent pas gratter un que-tru, mais en vérité, ils s'en battent les couilles d'ta gueule. Pire, quand t'es trop frais, ils sont jaloux, ils cassent v'là le sucre sur ton dos, rien qu'ils te portent l'œil, ces fils de pute. Ben ouais, quand tu brilles trop, les gens ils n'aiment pas ça, i'disent que tu t'la racontes, nanani nanana. C'est pour ça, j'te dis, c'est mieux de manger des lentilles comme tout le monde.

– Ch'ais pas c'que t'as vécu, mais ça a dû être super hardcore pour avoir une telle vision de la vie. Pour moi, la vie c'est comme une rose : elle a des pétales et des épines. Toi, j'ai l'impression que tu ne vois que les épines. Moi aussi j'ai subi les épines mais je vois quand même les pétales. Rien n'est plus agréable que l'amour de la vie, celui que te procure la beauté, la beauté d'un tableau, la beauté d'un coucher de soleil, la beauté d'un vêtement que tu portes, la beauté d'un sourire, la beauté d'une discussion enrichissante sans insulte, la beauté d'une soirée entre amis, la beauté d'un dîner aux chandelles en tête à tête avec une femme et qui s'achève, en mode fusion, par un voyage intergalactique sous des draps en ébullition. J't'assure, la beauté c'est le chemin qui mène au bonheur. Si dans bo-nheur, il y a beau, c'est pas pour rien.

– Putain, j'avoue, tu parles bien, gros, t'envoies de bonnes disquettes. Tu parles comme mon avocat, un

Feuj. C'est vrai que c'est frais, j'avoue, mais pour nous t'as vu c'est cuit, dead et archi-dead. On est trop des mecs en chien, des ex-clus, comme disait Doc Gynéco. Nos têtes sont trop cramées. Faut croire que le bonheur, c'est comme une boîte de nuit des Champs-Élysées : tout le monde veut rentrer, mais y en a pas beaucoup qui ne se mangent pas un "ici, c'est privé, vous êtes pas VIP" par l'fils de pute de physio.

– Eh mon frère, j'vois c'que tu veux dire. T'as pas tort, le bonheur, c'est pas pour tout le monde. Tout le monde n'est pas calibré pour y entrer, mais, tant que t'es pas mort, c'est pas mort, j'te dis pas que c'est facile, mais si tu veux vraiment, tu peux.

– Ouais mais comment ?

– Déjà en prenant une première épouse : la lecture.

– Ouais, mais ça m'casse les couilles, la lecture. J'ai essayé, j'arrive pas à m'concentrer, j'crois que c'est à cause du bédot, ça m'a cramé les neurones wallah.

– Un proverbe dit : "Qui ne veut rien faire trouve une excuse, qui veut agir trouve un moyen." J'viens de te donner un moyen et tu me réponds avec une excuse, à toi de voir. Mais sache une chose : quand tu vis en France et que t'es en bonne santé, ton destin, tu l'as entre les mains. Même s'il y a de la discrimination – parce que ch'uis pas en train de te dire qu'ici, c'est le pays des bisounours, on sait bien que les Blacks, on nous prend pour des moins que rien, il faut travailler deux fois plus pour être acceptés, respectés – il n'empêche qu'en dépit de toutes ces barrières raciales, la possibilité de s'en sortir n'est pas qu'un rêve, elle existe en chair et en os. Et la clef qui donne accès à cette possibilité, c'est la lecture, pas l'argent. C'est la lecture, l'argent ça va ça vient, la lecture ça vient ça reste, ça te fait grandir, mûrir, comprendre le monde, te comprendre toi-même, ça te donne des millions de sujets de discussion. Bref, ça te transforme en milliardaire ; milliardaire de la connaissance. Il n'y a pas plus riche qu'un milliardaire de la connaissance, et pas plus aimé non plus. Tu sais pourquoi ?

– Non, pourquoi ?

– Parce qu'il a toujours sur lui le remède le plus efficace qui soit contre l'ennui, premier ennemi de l'homme. Dans notre société, beaucoup croient que ce remède, c'est la consommation, d'autres que c'est le sport ou le sexe. C'est vrai qu'une session shopping, un match de foot ou une partie de jambes en l'air sans hors-jeu ni carton rouge, ça trompe l'ennui, mais ce n'est rien face au nectar de la culture générale. Et la France offre l'avantage de regorger de bibliothèques et de livres en tout genre. Elle est la championne du monde du livre, La Mecque de la lecture !

– Dis pas ça, c'est haram.

– Sérieux, si tu fais l'effort d'accorder une place à la lecture, tu verras, tes proches te le rendront, et Dieu aussi, Il te le rendra au centuple. Dans le Coran, il est conseillé de lire, non ? Donc, en tant que musulman, tu dois te soumettre à ce conseil, non ? Finalement, je ne fais que te dire ce que Dieu veut !

– T'es un ouf, wallah, tu t'prends pour Son porte-parole ou quoi, wesh. J'ai compris, j'vais réfléchir, vas-y gros, là ça y est, tu m'as donné mon quota de disquettes pour un mois. J'te laisse, à tard plus. Attends-tends, j'allais oublier : c'est vrai que t'es un sioniste ?

– Ouh là, toi t'es le roi des transitions-sans-transition. Même PPDA n'aurait pas fait ça. Si je suis sioniste ? Alors, si…

– Réponds-moi franchement, gros.

– Ça tombe bien, c'est ce que je comptais faire. Alors, si être sioniste, c'est considérer qu'un peuple qui n'a cessé de se faire maltraiter par d'autres peuples pendant des siècles et des siècles a le droit d'avoir son propre pays, sa propre armée et assurer ainsi ce qu'aucun autre pays ne veut assurer, à savoir sa propre protection, alors oui, je suis sioniste. De tout mon esprit et de tout mon cœur.

– Wesh, tu peux pas dire ça ; si t'as un cœur, tu peux pas être sioniste quand tu vois ce qu'Israël fait aux enfants Palestiniens.

– Évidemment, pour les antisionistes, qui dit sioniste, dit tueur d'enfants. Les sionistes seraient les nouveaux Hitler.

– C'est pas c'que j'ai dit !

– Ce que je pense, c'est que si les sionistes ont peut-être tort face aux Palestiniens, ils ont certainement raison face à l'Histoire. C'est triste à dire, mais les Palestiniens font partie des dommages collatéraux de l'histoire de l'antisémitisme. L'Europe avait une grosse dette morale à l'égard des Juifs. Ensuite, les Palestiniens et leurs alliés ont perdu les guerres qui les opposaient aux Israéliens. Or l'Histoire le dit bien : malheur aux vaincus. Cette règle, les Berbères la connaissent, eux qui ont été vaincus par les Arabes. Pareil pour les Gaulois face aux Francs. Je peux comprendre que le perdant crie à l'injustice. Que peut-il faire d'autre ?

– Ah, laisse bé-tom, rien qu'tu m'enchaînes. On sent que t'as lu trop de livres. T'as trop d'munitions.

– Pas tant que ça. Je n'ai que six mois de lecture à mon compteur !

– Mais c'est pas parce que t'as plus de munitions que moi que t'as forcément raison. Tu peux pas dire qu'il n'y a pas d'injustices à Gaza. Là-bas, c'est l'apartheid, wesh ! Du coup, j'comprends pas comment toi, un renoi, tu peux défendre l'apartheid. Franch'ment gros, j'trouve ça abusé.

– Tout comme je ne comprends pas comment toi, une graine d'Afrique, tu me parles de ce qui se passe en Palestine, et pas de ce qui se passe au Congo, par exemple.

– De quoi ? Qu'est-ce qui s'passe au Congo ?

– Je vois, laisse tomber. On en reparlera une autre fois, si tu veux.

– Ouais, t'as raison. Et puis c'est des sauvages là-bas, ils croient pas en Allah ; pour eux, le prophète, c'est le marabout du coin. Mais un conseil : fais bélek, parce qu'ici, on est tous antisionistes.

– Antisémites, tu veux dire ?

– Rien à voir ! D'ailleurs, y'a plein de Juifs antisionistes. Toi qui lis des livres, tu devrais l'savoir.

– Ouais, comme il y avait plein d'esclaves, les fameux nègres de maison, qui étaient pour le maintien de l'esclavage. Pour moi, Israël, c'est l'excuse parfaite des antisémites, tout comme la mini-jupe est celle des violeurs. Bon, j'vais t'laisser. Et n'oublie pas : pour maîtriser sa vie et son destin, il faut maîtriser les mots ; ceux qui lisent et qui s'habillent bien sont les seuls à découvrir le bonheur sur terre, le vrai, celui de l'accomplissement de soi.

– Siiiiii si chacal ; sauf que pour nous les musulmans, le bonheur, c'est pas sur terre qu'on va le connaître. Mais bon, j'vais quand même essayer de suivre tes conseils, parce qu'avant de mourir, j'aimerais bien choper une petite douce et me poser au calme. Toi avec ta tchatche, des douces, tu dois en serrer un paquet. Même si ch'uis pas d'accord avec toi sur le sionisme, ci-mer pour les conseils, gros, ça me change des conseils-de-sheytan, des plans de braquage ou de go fast que les autres me balancent tous les jours. Allez, salam.

– Shalom.

– Sur la vie d'ma mère, toi tu lâches rien.

– Pourquoi je devrais lâcher quelque chose ?

– J'avoue que ça fout quand même le seum : le seul d'entre nous qui a le bac, c'est un Feuj ! C'est un truc de malade.

Bel échange, très instructif, d'autant qu'une fois n'est pas coutume, j'ai à peu près tout compris. Sauf la fin. L'intégration par la beauté : intéressant comme solution, très intéressant. À creuser ; à expérimenter surtout, à plus grande échelle.

Porté par un large sourire d'autosatisfaction, Frédéric rejoint son groupe d'acolytes.

– Mais mon frère, c'est comment ? Qu'est-ce que le petit frère te voulait, là ?

– Laisse ça didon, il était curieux de percer mon secret de bien-être. Et puis, il s'est fait le porte-parole de Yasser Arafat.

– Ne nous dis pas qu'en retour, tu t'es fait passer pour celui d'Ariel Sharon ?

– Un peu…

– Mais mon frère, tu es suicidaire ou c'est comment ? Tu tiens absolument à créer une émeute ici ?

– Comment ça ?

– Tu n'as pas remarqué que nous sommes de plus en plus assiégés par les barbus ? Que tous les petits Momo et Rachid ont abandonné Tony Montana et se tranforment en petits Ben Laden ? C'est leur nouvel héros. Il a l'avantage d'être réel.

– Et alors ?

– Et alors ? Ah, les Camerounais, vous savez être courageux, hein. Mais ne confonds pas courage et témérité. Tu crois que tous ces petits Ben Laden font ça par amour de l'Islam ? Si tu crois ça, c'est que tu connais leur psychologie autant que je connais la danse classique. La plupart n'ont jamais lu une page du Coran. Tu devrais le savoir : la haine est un ciment plus puissant que l'amour.

– Tu prétends qu'elle est plus puissante que l'amour. Pourtant, lors des carnavals, je ne vois aucun bain de sang. Au contraire : il n'y a qu'amour et sourires partagés.

– C'est vrai. Mais enlève l'alcool et les femmes, et ton carnaval deviendra une légion romaine. Tu n'y peux rien, c'est comme ça, surtout avec les adolescents. Ils adorent haïr ensemble ; la haine leur donne l'impression d'être forts, virils. Regarde à quel point ils adorent les films de guerre, là où la destruction est célébrée et où le sang coule à flot.

– Tu es en train de m'expliquer que ces soldats en herbe, ce n'est pas l'amour d'Allah qui les guide mais la haine d'Israël ?

– Voilà pourquoi tu es notre poulain : on n'a pas besoin de t'expliquer pendant des heures pour que tu comprennes. Oui, déjà qu'ils aiment haïr, alors là, comme ils sont convaincus que c'est pour la bonne cause, leur haine n'a plus de limite. Je les entends parfois parler de ça, tu n'imagines pas à quel point, ils rêvent de faire couler le sang de tes frères juifs "tueurs d'enfants", comme ils disent. Et puis, pourquoi tiens-tu à défendre ouvertement ce qui est devenu indéfendable ? Ce n'est pas parce que le diable a le droit à un avocat, que tu dois être cet avocat.

– Carrément, tu compares Israël au diable ?

– Je ne te parle pas de moi mais de ce que pensent les gens ici. Désolé, détourner les yeux devant un fait ne le fait pas disparaître. Qu'Israël soit ou pas le diable, ce n'est plus la question. Le fait est que de plus en plus de jeunes le voient comme tel. On n'est plus dans la réalité, on est dans le ressenti. Et ce sentiment de haine d'Israël est devenu la religion de vos banlieues. Pourquoi prendre tant de risques ? Tu comptes te convertir au judaïsme ? Tu n'as pas mieux à faire ? On dit souvent que nous les Bamilékés, on fait partie des dix tribus disparues d'Israël…

– Ah bon ?

– J't'assure, il paraît que des rabbins se sont penchés sur notre cas. Mais tu ne vas pas risquer ta vie comme ça, c'est pas sérieux ?

– Je vais y réfléchir. Rien ne presse.

– Si tu le dis. Je te donne un conseil de grand frère : avant de te transformer en rabbin, rends-moi un service, va en Israël voir de tes propres yeux comment nos frères africains sont traités là-bas. Après, reviens me dire que tu veux te convertir. Je t'attendrai au pays, sous le baobab de Komkana !

– Yves, ne me dis pas que toi aussi tu es antisémite ?

– Je ne t'ai rien dit, je t'ai simplement demandé d'aller voir par toi-même. Et à ton retour, tu te plongeras dans quelques précieux livres.

– Quels livres ?

– Des livres qui t'expliqueront qui tu es, en tant qu'Africain ; qui tu es vraiment ! Et qui tu n'es pas, en tant que Noir vivant en Europe. Tu as *Nations nègres et culture* de Cheikh Anta Diop, tu as *Peau noire, masques blancs* de Frantz Fanon, et tu as *Discours sur le colonialisme* d'Aimé Césaire. Crois-moi, ta vie va littéralement changer. Parce que lire des livres, c'est bien, mais lire les bons livres, c'est mieux. Et en tant qu'Africain, tu dois d'abord lire des livres qui parlent de ton identité. Et si tu deviens une bibliohèque sur pattes, si tu n'as pas lu les fondamentaux de ton identité, de ton appartenance, tu resteras un aliéné. Avant Victor Hugo, tu vas apprendre à citer Mongo Béti…

– Aliéné, rien que ça ?

– Yves, va doucement avec le petit frère.

– Ne t'inquiète pas, Hervé. Tu as oublié que je suis resté debout face aux morsures du soleil. Celles de Yves, loin de me menacer, me stimulent. Il m'a donné de quoi me renforcer, même si j'estime m'appartenir avant d'appartenir à mon arbre généalogique. Mes goûts, mes cicatrices, mes joies ont forgé mon identité, plus que mon sang. Peux-tu me répéter le nom des auteurs là, s'il te plaît ?

– Cheikh Anta Diop, Frantz Fanon et Aimé Césaire. Les titres c'est *Nations nègres et culture, Peau noire, masques blancs* et…

– … *Discours sur le colonialisme.*

– Exactement.

– Bon, grâce à toi, je sais quels seront mes premiers achats à ma sortie.

– Au fait, tu know ta date de sortie ?

– Non, pas officiellement. Mais c'est pour bientôt, je viens de recevoir un courrier m'annonçant que mon dossier avait atterri dans les mains d'un nouveau juge. Je suis attendu dans son bureau le vingt de ce mois. Si j'ai vu juste, Dieu devrait me faire sortir à ce moment-là. Ma renaissance est bien entamée, j'ai découvert ma vocation et la rentrée universitaire approche.

– Quoi, tu as eu les résultats de tes examens ?

– Non, pas encore, mais ça ne devrait pas tarder.

– Si tu sors à la fin du mois, tu vas laisser Richard orphelin. Il va faire comment ?

– Lui, il sort dans moins de deux mois, ça va passer vite. Et puis, ne t'inquiète pas, le Richard que vous avez connu est mort.

– Lui aussi, il est en train de renaître ?

– Si tu le voyais aujourd'hui, tu ne me poserais même pas la question. Sa renaissance saute tellement aux yeux qu'elle n'a pas échappé au personnel médical. Résultat : on vient de lui proposer un hébergement, plus un suivi, dès sa sortie, histoire de minimiser les risques de rechute.

« Les détenus Boualem, Cissé, Giordani et Nkamwa, vous êtes attendus pour le parloir famille. Je répète : les détenus Boualem, Cissé, Giordani et Nkamwa, vous êtes attendus pour le parloir famille. Vous avez deux minutes pour vous présenter. »

Heureusement que le surveillant vient de faire cette annonce. Hypnotisée par la conversation fort intéressante des trois audacieux esprits, j'oublierais presque où nous sommes.

– Ah, visiblement, ma mère est là. Bon les frères, on se dit à demain.

– Bien sûr, sauf si je décide de me pendre dans la nuit ; on ne sait jamais. Ici, la folie peut te cueillir à tout instant ! Salue-nous la mater.

– Je n'y manquerai pas.

– Et fais attention dans les couloirs, marche avec un œil dans le dos, maintenant que tout le monde pense que t'es un soldat israélien. Un moudjahidine palestinien pourrait vouloir te faire un 11 septembre. Ah ! Ah ! Ah !

– Aucun risque, Dieu me protège.

– C'est ce que pensaient les Américains qui buvaient leur café dans les tours jumelles, sauf qu'ils ont confondu "God bless America" avec "God protects all Americans" !

– Eux, ils pensaient, moi, je sais ! Dieu m'a déjà prouvé qu'Il m'accordait sa protection.

– Pourvu que ça dure, alors. Mais n'oublie pas que Dieu n'a pas signé un contrat avec toi : Il peut te protéger le lundi et t'abandonner le mardi. Contente-toi d'espérer plutôt que de brandir une prétentieuse certitude. Même le Christ a été abandonné…

Chapitre 8 bis

– Bonjour, maman, ça va ? « Tiens, elle a bonne mine. »

– Bonjour, mon fils. Ça va, et toi ?

– Comme toujours, grâce à Dieu, je vais mieux qu'hier et moins bien que demain.

– Tant mieux. Figure-toi que j'ai reçu les résultats de tes examens. J'ai une mauvaise nouvelle à t'annoncer : tu as échoué.

– Ah bon ? « Divin, c'est quoi cette blague ? »

– Non ! Je blague, tu as eu ton année ! Et on peut dire que tu as eu de la chance : à un point près, tu échouais.

– Décidément, tu ne comprends pas. Ce n'est pas de la chance, c'est Dieu.

– En tout cas, tout le monde est fier de toi : maman Laurine, Macaire, Paméla et Danielle, Caroline, tout le monde. Il ne te reste plus qu'à sortir pour qu'on puisse fêter ça.

– Ça tombe bien, j'ai rendez-vous avec mon nouveau juge d'instruction.

– Ton avocat m'a déjà mise au courant. Mais il m'a dit que c'était pour une audience de formalité, procédure habituelle lorsqu'un dossier change de mains ; il ne m'a pas parlé de remise en liberté.

– C'est moi qui t'en parle. Crois-moi : je sais que je vais sortir après mon passage dans le bureau du juge. Ici, j'ai accompli tout ce que Dieu attendait de moi. Je n'ai plus rien à y faire. Je dois continuer dehors.

– Si tu le dis… Prions seulement.

– À la maison, tout le monde va bien ?

– Oui, tout le monde va bien. Maman Laurine et tes sœurs ne sont plus là : on leur a enfin donné une chambre à l'hôtel.

– C'est un bon début.

– Oui, et même si c'est loin d'être la solution idéale, c'est un très bon début. Au fait, sache que Aymric et Olivier, ce sont tes vrais amis, ils prennent toujours de nos nouvelles contrairement aux autres. Quant à Aurélie, elle est venue une fois. Paméla et Danielle l'ont vue, elles ont bien rigolé ensemble. Mais moi, je t'ai toujours dit : je préfère Déborah. Elle, on sent qu'elle t'aime plus que tout, elle pourrait mourir pour toi, contrairement à Aurélie. Et puis je la trouve plus jolie. D'ailleurs, est-ce qu'elle t'a écrit ?

– Maman, tu n'es pas obligée de comparer, tu sais ? « C'est sûr, physiquement, y'a pas match. Déborah, c'est un autre niveau. » Je t'ai déjà dit que Déborah et moi, on n'est plus ensemble. « Même si elle restera ma Déborah, et moi son Frédéric. Premier amour un jour, premier amour toujours. »

– Laisse-moi ça. Comme si vous ne pouviez pas vous remettre ensemble. Combien de fois vous vous êtes débranchés avant de vous rebrancher ? Ah, les enfants de France, vous m'amusez. De toute façon, tu es comme ton père.

– Tant mieux si on t'amuse. Au moins, on ne te fait pas pleurer. Pourquoi tu me parles de papa ? Tu sais bien que je n'aime pas ça, surtout si c'est pour le salir. « Putain, elle ne pouvait s'en empêcher ; il fallait absolument qu'elle lâche son scud sur mon père. » *« Nian nian nian ! Ah mon pauvre vieux, tu ne connais encore rien de la vie, tu sens encore le pampers. Un jour tu comprendras que ta mère, avant d'être la femme qui t'a mis au monde, est d'abord une femme. Et qu'une femme, ce n'est pas qu'un sac à main perché sur des talons, ce n'est pas qu'un décolleté à la voix douce, fragile et aimante, tout comme Marc Dutroux est bien plus qu'une moustache et une carte d'identité belge, si tu vois ce que je veux dire. Nian nian nian. »* On va pas se disputer au parloir, maman. Et l'avocat, tu vois, j'avais raison : il n'a servi à rien, on lui a donné deux mille euros pour rien. La seule chose que je peux mettre à son crédit, c'est de m'avoir apporté une kippa. Ça fait quand même cher la kippa.

– C'est pas grave, ce n'est que de l'argent. Il est gentil, il répond toujours à mes appels. Il me rassure. Et ça, je peux te dire que, pour une mère, ça vaut beaucoup plus de deux mille euros. Tu comprendras quand tu seras père.

« Parloir terminé ! »

– Déjà ! C'est passé vite.

– De toute façon, maman, on se voit bientôt, à la maison, dans moins de quinze jours.

– Que Dieu t'entende. Prie beaucoup. À bientôt, mon fils. Sois sage, hein ?

– « Si elle savait à quel point Dieu m'entend. » *« Il t'entend comme l'aigle entend la fourmi. »* Mais oui, maman, à bientôt. Embrasse tout le monde de ma part.

– Dites-moi, M. Nkamwa, que nous vaut ce large sourire ? Mon p'tit doigt me dit que vous avez reçu une bonne nouvelle.

– Ah, surveillant, c'est votre jour de chance, je suis d'humeur volubile. « Volubile, celui-là, c'est la première fois que je le place. Ah, mon nouveau vocabulaire commence à surgir tout seul dans ma bouche, c'est bon çahhh. » Je suis officiellement en deuxième année de mathématiques.

– On m'avait dit que vous aviez passé des examens. Mes félicitations, M. Nkamwa ! Je suis content pour vous. Vous sortez quand alors ? Parce que vous êtes sous mandat de dépôt, si je ne m'abuse.

– Merci, surveillant. Si mes calculs sont bons, mes retrouvailles avec l'air libre sont pour bientôt.

– Pour un mathématicien, ce serait un comble que vous vous trompiez dans vos calculs, non ? Je croise les doigts pour vous. C'est bien la première fois que je croise les doigts et non le fer pour un détenu du D3.

– Vous savez, surveillant, comme on dit, y'a un début à tout.

– Si seulement vous disiez vrai. Pourvu que vous ne restiez pas une exception. Même si je ne vous cache pas mon profond pessimisme. Quand je vois, jour après jour, tous ces jeunes qui ont l'âge de mon fils, et qui se retrouvent ici, aspirés par l'engrenage de la délinquance, enchaînant les allers et retours en prison, ça me fend le cœur. Les parents ont certes leur part de responsabilité, mais ils ne sont pas les seuls. Les politiques, les médias, les enseignants sont aussi des parents pour ces jeunes. Un proverbe dit qu'il faut tout un village pour élever un enfant.

– C'est bien dit ! Je vais le retenir, celui-là.

– Merci. C'est l'ensemble du système qui doit être mis en cause, parce que c'est une véritable hécatombe ! Si ça continue, tôt ou tard, ça va nous péter à la gueule, moi je vous l'dis. Et à l'allure où vont les choses, ce sera plus tôt que tard, croyez-moi. Car depuis les attentats de New York, quelque chose a changé : je vois pousser de plus en plus de barbes. Vous, à c'que j'vois, ce n'est pas sur le menton que vos poils ont poussé mais sur votre tête. Vous nous la jouez Jackson Five ? Ça n'vous va pas si mal.

– Jackson Five ou Black Panther ! Non, je plaisante, surveillant. « C'est rassurant de voir qu'au moins un surveillant a compris que la cascade d'incarcérations n'incombe pas à la seule responsabilité individuelle. Incomber, il est bon ce mot-là aussi. Une sorte de main invisible du ghetto semble précipiter des centaines de jeunes dans l'exclusion. Oui, c'est un bon, ce surveillant. Comme quoi, tous les Antillais ne sont pas des vendus. » Merci surveillant, je vois que vous avez du goût.

– Qu'est-ce que vous croyez ? J'vais vous faire une confidence, mais ça reste entre nous, je tiens à garder mon poste, et donc ma femme ! Il fut un temps, moi aussi je marchais coiffé d'une coupe afro. Je la portais comme une couronne ; je vivais alors à Pointe-à-Pitre.

– Sans vouloir vous paraître indiscret, surveillant, à quel moment vous avez décidé d'enlever votre couronne ? « Oui, à quel moment est-il passé du statut de roi à celui de surveillant ? »

– À mon arrivée ici, en métropole : on m'a très vite fait comprendre que c'était mal vu d'arborer ce genre de fantaisie capillaire qui se voit à un kilomètre. Du coup, j'ai dû lui dire adieu. À contrecœur. C'est ça aussi s'intégrer : être capable de faire des sacrifices.

– « Sacrifice ou abdication ? » Si je comprends bien, surveillant, pour vous, s'intégrer c'est gommer une partie de soi-même, qui plus est, une partie noble. Les cheveux, ce n'est pas rien. Regardez Samson, qu'est-il devenu sans ses cheveux ?

– Samson, carrément ? Comme vous y allez, M. Nkamwa. On sent que vous êtes encore jeune. Contrairement à Samson, ma force ne se trouvait pas sur ma tête mais dans ma tête.

« Bien dit, j'avoue. C'est un bon puncheur, ce surveillant, et il punche avec le sourire, j'aime bien. Il a tout compris, on dirait. »

– À votre âge, on croit que la liberté est un forfait illimité. Heureusement, vous êtes intelligent. Avec le temps, vous comprendrez que, dans la vie, on ne fait pas toujours ce qu'on veut. On fait parfois ce que le système veut. À ce moment-là, vous comprendrez que, dans la réalité du quotidien, la liberté illimitée, ça s'appelle l'anarchie. Et l'anarchie, c'est le bordel. Et le bordel, ce n'est bon pour personne.

– Le bordel à cause d'une coupe de cheveux ?

– M. Nkamwa, ne faites pas l'idiot du village, ça sonne faux. Vous savez de quoi je parle : de norme majoritaire. Comme on dit : à Rome, fais ce que les Romains font !

– Mais si les Romains font n'importe quoi, dois-je quand même faire comme eux ? « Il ne l'a pas vu venir, celle-là. Et bim ! »

– Qui êtes-vous pour affirmer qu'ils font n'importe quoi ? Devenez quelqu'un et, après, vous pourrez remettre en cause la norme majoritaire.

– J'vois c'que vous voulez dire, surveillant. Mais avouez que vous regrettez votre époque afro. Elle va peut-être faire son comeback.

– Qui sait ? Ça ne me déplairait pas, même si, quand j'y pense, ça me demandait beaucoup d'efforts. Parce qu'une afro, soit on l'entretient et on obtient une œuvre d'art, soit on la néglige, et c'est la catastrophe, ça devient du grand n'importe quoi, une sorte de grand carambolage capillaire !

– Ah ! Ah ! Ah ! « C'est un sacré taré, ce surveillant. Il me tue de rire. » Ouais, c'est comme tout, surveillant, si vous avez une Rolls et que vous négligez son entretien, elle va vite avoir l'éclat d'une épave abandonnée au fond de la Seine, au milieu d'ossements humains.

– C'est bien vrai. Je vais vous faire une autre confidence : j'ai eu une copine, au début, c'était un avion de chasse. La perfection physique incarnée. J'ai cassé ma tirelire, je lui ai passé la bague au doigt, une bague avec un diamant gros comme ça ; elle m'a donné un magnifique garçon et un beau jour, j'me suis réveillé et j'ai réalisé que mon avion de chasse était devenu un charter.

– Surveillant, je comprends ce que vous voulez dire, mais ça marche aussi dans l'autre sens. Combien d'hommes se présentent comme des lions durant les premiers mois et, une fois le mariage consommé, se transforment en hippopotames ?

– M. Nkamwa, je ne vous imaginais pas féministe.

– Si être objectif, c'est être féministe, alors oui, je suis féministe !

– Vous voilà arrivé. C'était intéressant de parler avec vous. Encore félicitations. J'espère que vous serez bientôt libérable, histoire que vous deveniez ce que vous auriez dû être.

– « Nonnn, le surveillant me lâche du B2O, normal. » C'est ça, surveillant ! Merci pour vos encouragements.

– Ça y est, t'es de retour ! Pourquoi le surveillant il te félicitait, qu'est-ce que t'as encore fait ?

« Ç'ui-là, vu ses yeux rouges, il s'est enfilé un bon p'tit joint en mode solo. »

– Ch'uis sûr que c'était par rapport à la dernière fois, quand t'as tourné en bourrique le surveillant-chef qui se prenait pour Staline ? Ce vieil enragé, il voulait absolument que tu enlèves ton piercing comme si sa vie en dépendait. C'était tellement drôle, on se s'rait cru au théâtre. Il t'a demandé si on pouvait couper ton piercing. Tu lui as répondu du tac au tac que, oui, on pouvait le couper, comme on pouvait aussi couper ton doigt, ta main, ton bras, on pouvait tout couper! Tu lui as foutu la honte de sa vie, devant les autres détenus. Après il t'a amené à l'infirmerie pour jouer l'acte II. Et là, personne n'a voulu couper quoi que ce soit sans ton consentement. On t'a vu remonter avec ton piercing, personne n'a rien compris. C'est pour ça qu'il t'a félicité?

– Cette histoire était à mourir de rire, c'est vrai. Elle est encore dans les têtes. La preuve : deux surveillants m'en ont reparlé hier, ils m'ont remercié d'avoir réglé son compte à ce chef-en-carton qui veut marcher sur la tête de tout le monde parce que chez lui, il se laisse marcher dessus par sa femme. Mais pour répondre à ta question : non, le surveillant m'a félicité pour autre chose.

– Pour quoi alors?

– Ouvre bien tes oreilles, Richard : j'ai eu mes examens!

– Sérieux? Maaazel Tov! Et pour Frédéric, chantons tous Mazel Tov!

– Et pour Richard, chantons tous Mazel Tov.

– Pour Frédéric et Richard…

– … chantons tous Mazel Tov!

– Bravo, frère! T'avais raison, on est venu ici pour renaître. Moi j'ai obtenu un suivi dès ma sortie, tellement ils ont vu que je n'étais plus le même. Toi, tu as obtenu ton année et bientôt tu retrouveras les bancs de la Sorbonne. Je n'ai plus le moindre doute : Dieu existe et Il nous aime. Déjà quand on a fait kippour grâce au rappel entendu "par hasard" à la radio, alors qu'on ne change jamais de station, j'ai trouvé ça bizarre. Maintenant, c'est bon, je suis conquis : pardon, Dieu, d'avoir douté de Toi. Pardonne-moi, j'ai trop galéré, j'ai traversé trop d'épreuves. Et quand j'ai perdu mon père, j'ai perdu pied ; comme si je perdais tous mes repères. Et j'en voulais à la terre entière…

– « Le pauvre. » Mais non, frère, retiens tes larmes, elles ne doivent pas couler aujourd'hui. La seule chose qui devrait couler, c'est le champagne. On a réussi Richard, on a réussi !

– Il te ne reste donc qu'à aller signer ton bulletin de sortie auprès du juge.

– Ouais, il ne sait pas encore qu'il va me rendre ma liberté, ou plus exactement, la liberté de me déplacer. Ma liberté d'esprit, elle est plus que jamais en ma possession. Ce soir, Richard, roule-nous le joint de la victoire.

– Oui, le joint de la victoire de la foi sur le doute.

« Oh qu'ils sont mignons, un vrai p'tit couple. Nian nian nian. La victoire de la foi sur le doute : mais de quelle

victoire vous parlez ? N'allez pas trop vite en besogne, mes loulous. Ce n'est pas parce qu'on gagne un match à l'entraînement qu'on va gagner le match de compétition. En l'occurrence, la vraie victoire devra avoir lieu dehors. »

Chapitre 9

La roue de la routine, qui mime celle de la fortune, ne cesse, contrairement à cette dernière, de tourner dans le sens inverse des aiguilles d'une montre. Inlassablement, elle tourne. Elle donne le tournis aux âmes rêveuses qui, clouées à la banalité de leur agenda, s'imaginent pouvoir échapper à son implacable loi et saisissent toutes les occasions que la société, placée sous le signe du plaisir épicurien, met à leur disposition. Des sports de vitesse qui permettent de s'asperger d'adrénaline, aux jeux vidéos qui stimulent l'idée de gagner, aucune de ces occasions n'arrive à la cheville de l'activité devenue l'élixir de nombreuses vies : l'acte d'achat ! Quelle meilleure parade pour lutter contre la routine que de dégainer son portefeuille et faire ainsi le plein de menus plaisirs ? Des millions d'individus le croient : acheter, c'est se faire plaisir, c'est s'offrir du bonheur. Et se faire plaisir, c'est échapper aux griffes du malheur, à un cycle ô combien infernal : la répétition.

À la différence de Sisyphe qui, enchaîné à une malédiction, dut endurer une routine des plus pénibles, celles et ceux qui vivent sous le ciel béni de l'Occident, et en particulier sous le mien, ont la chance, grâce au divertissement et aux micro-plaisirs, de jouir des faveurs d'une routine douce, supportable, épicée de nouveautés. Aussi douce d'ailleurs que cette drogue, le shit, qui s'est infiltrée dans toutes les prisons de l'Hexagone et a pris possession du système nerveux des détenus.

Une de mes sources les plus fiables m'a fait comprendre que, par sa capacité à anesthésier l'esprit de révolte, cette drogue évolue dans une sorte de zone grise du système carcéral : la zone de l'interdit-toléré. Elle se situe entre l'interdit-réprimé et l'autorisé-accepté. Si un détenu se fait surprendre en possession d'un bout de shit, il se verra sévèrement réprimé et sa place au mitard lui sera indiquée à l'issue d'un procès expéditif. Mais à la nuit tombée, l'odeur de la marijuana-qui-se-consume envahit les couloirs de l'univers carcéral et ne peut manquer d'atteindre les narines des surveillants en poste. Le pragmatisme a ses raisons que la loi a tendance à ignorer : fermer les yeux et laisser un rempart à la détresse s'installer derrière les barreaux, telle est la politique carcérale.

Aux dernières nouvelles, Richard et Frédéric ont pu vérifier cet état de fait. Cela leur en aurait coûté, m'a-t-on confié, un baril plein à ras bord de sueurs froides.

En effet, la semaine dernière, leur cellule a été secouée par un petit séisme : dans le cadre de la vérification de leurs barreaux, un surveillant a trouvé un bout de shit, sans l'avoir véritablement cherché. Il s'était égaré, m'a-t-on rapporté, au pied de la table. Découverte fâcheuse s'il en est, brisant net le confort psychologique qui régnait jusque-là dans la cellule transformée en bibliothèque, en envoyant Richard, et avec lui l'ensemble de ses affaires, sur le banc du prétoire, le tribunal interne de la prison, après qu'il eut confessé être le propriétaire de l'objet du délit. Mais contre toute attente, et c'est un fait sans précédent, il en serait sorti libre de réintégrer sa cellule, écopant d'un simple avertissement.

Cet épisode, qui a tout d'une mauvaise blague, se serait déroulé quelques jours après le Nouvel An juif et Yom Kippour. Les deux encyclopédistes du D3 – c'est ainsi que les surveillants les surnomment affectueusement – auraient honoré ce jour-là si l'on en croit les encouragements adressés par certains détenus en direct de la promenade.

J'aurais cru en celui connu sous le nom de Yahvé, Dieu ou Allah – celui ou celle, d'ailleurs, qui nous dit que ce n'est pas une femme ? Ce serait logique dans la mesure où il donna vie à la vie et que, sur terre, cette fonction est, jusqu'à preuve du contraire, l'apanage de la femme – j'aurais cru en lui, dans l'inhabituelle issue de ce fait divers carcéral. Sauf qu'en tant que Marianne de la République, cinquième du nom, laïque au demeurant, représentante de la rationalitéexclusivement-rationnelle, je ne peux accorder le moindre crédit à cette hypothèse. Je mets donc ces deux événements sur le compte d'un heureux hasard.

Deux événements qui, s'ils ont enrayé la douce routine dont jouissaient nos deux boulimiques de lecture, m'ont néanmoins appris, via quelques fuites à l'occasion de son jugement interne, que Richard n'allait pas tarder à quitter les lieux. C'est pour cette raison, j'en suis convaincue, que les autorités n'ont pas voulu réduire à néant son ascension sur la pente de la réinsertion. Cette main tendue est évidemment conditionnée au fait de rendre une copie parfaite, sans fausse note comportementale. Perfection qu'un passage au mitard aurait entachée.

Finalement, je suis heureuse de constater que le système carcéral, célèbre pour son opacité, n'a rien du four crématoire moral que la Commission européenne se plaît à décrire. Son but ne consiste pas à réduire en cendres l'espoir de vie meilleure que caresse un détenu, fût-il multirécidiviste. Le traitement accordé à Richard, plus humain que de faveur, en est un beau et non moins vibrant témoignage. Ainsi, l'effet papillon ne s'abattra pas sur son horizon : la petite cause, un petit bout de shit, n'accouchera pas d'une grande conséquence, d'un largage sans parachute. La morale et le mérite ont triomphé du droit et de la règle. Je ne vais pas m'en plaindre.

Quant à Frédéric, le bruit court qu'il aurait réussi ses examens. Et que, ce faisant, il aurait annoncé au psychologue que, de sa cellule, il entendait sa libération se rapprocher à grands pas. Elle serait imminente. Pourtant aucune date de sortie n'est indiquée dans son dossier, mise à part celle qui le mènera devant le bureau du juge pour une simple notification.

Info ou intox, j'ignore de quel bois est faite cette annonce. Mais, si j'en crois mon intuition, elle pourrait rencontrer la réalité dans une sorte de prophétie autoréalisatrice, vu que, depuis son arrivée, Frédéric paraît entouré d'un filet de protection.

Sans recourir à la violence, il a acquis le respect de tous, y compris des surveillants même les plus zélés. Plus impressionnant : son style vestimentaire a fait des émules. De plus en plus de détenus s'essaient au dandysme, bien que de façon timide, et privilégient la combinaison pantalon-chemise au coutumier jogging-t-shirt. Mais force est de constater que cette contamination se limite à l'apparence. Car, en matière de langage, les changements sont peu audibles. Je peine toujours à décrypter ce qui se raconte en promenade. Les termes empestent toujours autant la poudre à canon, la sauvagerie et la haine. C'est une chose de changer les vêtements de son corps, c'en est une autre de changer ceux de son esprit. Et quand un parcours scolaire ressemble à un naufrage, la lecture ne peut être prise comme couturier verbal. Or, la majorité des détenus n'a jamais eu de livres entre les mains. À quelques rares exceptions. Frédéric est de celles-là.

Et l'exceptionnalité de ce brave renaissant, ainsi qu'il aime à se qualifier, je vais pouvoir mesurer jusqu'où elle étend ses tentacules : son entretien avec le juge doit se tenir demain. En sortira-t-il frappé du sceau de la liberté-retrouvée ? Ou sa foi s'effondrera-t-elle pour mieux laisser place à la folie ? Ce ne serait pas le premier à connaître pareil basculement.

Faites vos jeux, rien ne va plus.

Chapitre 9 bis

– M. Nkamwa, en résumé, si je vous comprends bien, vous avez la certitude d'être libéré cet après-midi à l'issue de votre entretien avec le juge. Et ce, même si vous savez que l'objet de l'entretien ne dépasse pas le cadre de la formalité, comme vous l'a bien fait comprendre, si je ne m'abuse, votre avocat. C'est bien ça ?

– Oui, docteur, c'est exactement ça ! Vous maîtrisez l'art du résumé, comme Mitterrand maîtrisait l'art du secret. Bravo. « Vous pouvez me regarder avec vos yeux globuleux d'athée, ça ne change rien. Vous et moi n'évoluons pas sur la même planète. De nous deux, c'est moi qui dors en cellule, et vous qui êtes en prison. Votre prison, c'est le doute. Moi, je suis libre comme l'air, je plane au-dessus de vous. »

– Permettez-moi de vous poser une question : que se passera-t-il si ce n'est pas le cas ? Si cette libération ne vous est pas accordée ?

– Désolé, docteur, je suis incapable d'entrer cette hypothèse dans mon logiciel mental. C'est comme si vous me demandiez ce que je ferais si j'apprenais que Dieu n'est qu'illusion. La foi protège des assauts des "si" qui touchent aux fondamentaux. Étant donné que vous êtes en bonne intelligence avec ce "si", je vais vous renvoyer la question : et si vous apprenez que j'ai effectivement été libéré, comment réagirez-vous ?

– Je vous avoue, M. Nkamwa, que si cela venait à se produire, euh…

« Le pauvre, ce scénario jette sa conscience dans l'effroi. Il commence à comprendre que ma folie n'en est pas une. Si seulement il pouvait voir sa tête de condamné à mort. »

– … je vous avoue que si les choses venaient à se dérouler ainsi…

– Mais monsieur, sans vouloir vous couper la parole, les "choses", comme vous dites, se sont déjà déroulées. Il ne reste plus que le point final qui clôturera un chapitre de ma vie, sans doute le plus beau que j'ai eu à vivre à ce jour. Un nouveau chapitre s'ouvrira alors : celui de mes études et de mes premiers pas dans le monde de l'écriture.

– Je voulais dire que si vous veniez à être libéré, je serais tenté de revoir ma position sur votre rapport à Dieu…

– Vous êtes comme ça vous ? Vous êtes témoin d'un miracle et, plutôt que de vous dire qu'il existe un faiseur de miracle, vous préférez vous arrêter au constat : il existe un miraculeux, je l'ai rencontré, point barre. « Le pauvre. L'athéisme est la plus dure des prisons, impossible d'y échapper. Alcatraz, à côté, c'est du gruyère. » Bon, docteur, puisque nous ne nous reverrons plus, j'ai une dernière chose à vous dire, outre merci : bon courage à vous sur la route de la non-foi, j'espère que vous ne vous perdrez pas.

– Merci, M. Nkamwa, bon courage à vous également. Si d'aventure les choses ne tournaient pas comme vous l'espérez, n'hésitez pas à venir me voir. Si Dieu vous fait faux bond, je serai là ! Car je constate que vous n'osez même pas imaginer la perspective de ne pas être libéré. Votre foi me semble être le masque de la peur. La peur de vous retrouver seul face à vos défis, sans l'aide de quiconque. Et comme beaucoup de jeunes croyants que je vois passer dans mon bureau, surtout ceux qui ont grandi sans présence paternelle, vous utilisez le concept de Dieu pour mieux vous réfugier dans le déni, afin de ne pas affronter cette peur, celle de l'enfant qui, la nuit, n'a pas le bras de son papa pour le protéger des monstres…

– Si vous le dites. Au revoir, docteur. « Putain ! Qu'est-ce qu'il a, lui, avec mon père ? De quoi il parle ? La peur, la peur ; tu sais c'que j'en fais moi de ta peur, je lui chie dessus ! » *« Mais il est où notre dandy-au-verbe-en-dentelle ? À peine on lui parle de son père, hop, il disparaît comme par enchantement ; comme par désanchantement, plutôt. Nian nian nian ! Tu peux faire le sourd, le docteur a touché une corde sensible. Ta corde sensible. Achille avait son talon, toi tu as ton enfance, celle de garçon-unique-laissé-pour-compte. Tu te la joues homme de foi ; mais on ne guérit pas de son enfance. Fais la sourde oreille autant que tu veux, au fond de toi, tu sais que le docteur dit vrai : tu es toujours ce gamin qui a peur de la peur ! Et c'est cette peur-de-la-peur qui t'a précipité dans la foi, dans la certitude d'être protégé. Mais dis-toi bien une chose, mon p'tit bonhomme : à part moi, personne ne t'aidera à la combattre, cette peur-de-la-peur qui t'empêche de devenir un homme. Et pour cause : personne ne te connaît comme je te connais. Tu t'es forgé une telle carapace qu'aux yeux des autres, tu restes insondable. Regarde, avec les filles que tu as connues, tu ne t'es jamais mis à nu. Pas une fois. Pas même avec ta Déborah.* » « C'est bon, arrête de me soûler. » « *Tu dis que j'te soûle pour éviter de reconnaître que j'ai raison. Si ce n'était pas le cas, tu ne te serais pas privé de rebondir. Tu sais que j'ai raison car, comme tu n'es pas amnésique, tu te souviens du bon vieux temps où j'étais à tes côtés. Tu te souviens que la seule façon de ne pas avoir peur-de-la-peur, c'est d'être celui qui l'inspire, d'être le fort qui, par sa seule présence, fait trembler le faible. Souviens-toi de ton film culte,* Le Bon, la Brute et le Truand *: le monde se divise en deux, ceux qui ont le pistolet chargé et ceux qui creusent ; autrement dit, ceux qui inspirent la peur et ceux qui la subissent. Nian nian nian.* »

– Regarde, Richard, j'ai sorti le grand jeu.

– J'avoue. On dirait que tu vas au festival de Cannes.

– M. Nkamwa, c'est bon, vous êtes prêt ? Votre limousine est avancée !

– Oui oui, surveillant, je suis prêt. Jamais dans ma vie, je ne me suis senti aussi prêt.

– Ça tombe bien, c'est sans doute le jour le plus important de ta vie.

– En même temps, Richard, je n'ai que vingt-deux ans, je sors à peine du ventre de ma mère ! À tout', shalom.

– Shalom, frère.

– D'habitude, ici, je n'entends que des salam. Shalom, ça change.

– Eh oui, surveillant, il faut toujours une première fois.

– Pour quelqu'un qui va jouer sa vie, vous avez l'air de péter la forme.

– Et comment ! Vous savez, surveillant, lorsque vous vous êtes entraîné d'arrache-pied et que Dieu se tient à vos côtés, au fond de vous, vous êtes sûr d'avoir déjà gagné. Vous me comprenez ?

– Oui. Il m'est arrivé de ressentir la même chose. Sauf que moi, mon Dieu, c'était ma femme ! Elle était avec moi, elle trouvait le bon mot pour me booster et, au final, j'ai passé mon concours avec succès.

– Eh bien voilà. « C'est vrai, Dieu, la femme peut Te remplacer. Oui, l'amour d'une femme peut être une source de confiance en soi. C'est un peu ce que je vivais avec Déborah. À l'époque, Tu n'étais à mes yeux rien d'autre qu'un sombre traquenard, taillé pour les idiots et les faibles. »

– Je ne m'en fais pas pour vous.

– Merci, surveillant.

« Voilà, Dieu, j'y suis. Dans quelques minutes, je serai assis en face de mon nouveau juge d'instruction. Aujourd'hui, ce sera le premier jour du début de ma nouvelle vie, je le sens, je le sais, mes calculs ne mentent pas. Les six mois que tu m'as permis de passer à Fleury, en compagnie de Richard, ont été les plus beaux de ma vie. Dehors, si je me risque à associer "plus beaux jours de ma vie" et "prison", mes amis vont penser que j'ai été vaincu, que je n'ai plus ma tête, que je divague. Je garderai donc cette vérité pour moi comme une banque garde les lingots d'or que personne ne verra jamais. Quel sacré cadeau tu m'as fait ! En sept mois, j'ai compris que la France était coupée en deux par le mur de Molière. C'est bien plus qu'une simple barrière, c'est un mur quasi-infranchissable qui sépare les gens respectés des méprisés. Même s'il me reste encore des tonnes de choses à comprendre, compte sur moi, Divin, pour propager ce diagnostic auprès de mes frères et sœurs du ghetto : pas de lecture, pas de liberté. Ne pas lire, c'est être un prisonnier à vie. Seuls les livres délivrent vraiment. Ah, elle est pas mal, celle-là, les livres qui délivrent. Atteindre mon but ne sera pas une partie de plaisir : pour beaucoup, parler français correctement, c'est parler comme un Blanc, c'est être un bounty. Tu vas m'aider à trouver le moyen de leur faire comprendre que la langue française n'appartient pas à une couleur de peau, que vouloir maîtriser la langue de Molière, ce n'est pas vouloir ressembler à Molière. De mon côté, je te fais la promesse de ne plus m'égarer du côté obscur de la force : fini le business et l'argent facile ! Bon, je te laisse te charger du juge comme tu t'étais chargé de la douanière quand tu lui avais mis un flash dans la tête. Ah ! Ah ! Ah ! Divin, T'es trop vif. »

– Bonjour, Maître, prenez place.

– Bonjour, M. Nkamwa. Asseyez-vous. Messieurs, veuillez lui enlever les menottes, s'il vous plaît.

– Bonjour, monsieur le juge.

– Eh bien dites-moi, vous avez bonne mine. On vous croirait prêt pour la fashion week.

– « Ça y est, d'emblée il me démarre. Ch'ais pas s'il se moque de moi ou s'il me complimente. Les Français-de-la-haute et leur goût de l'ironie, on sait jamais sur quel pied danser, ni à quel rythme vu qu'on n'entend pas la musique. » Disons que j'aime être bien habillé en toute circonstance. C'est ma façon de me respecter et de respecter les autres.

– Je vois. Et ça ne coûte pas trop cher de bien s'habiller ?

– « Le saligaud, direct, après le coup d'épaule, le tacle à la gorge. Il n'a pas de temps à perdre celui-là. Selon lui, si je m'habille bien, c'est grâce à l'argent de la drogue. » Contrairement aux apparences, pas tant que ça, monsieur le juge. Je ne porte aucune marque. Ce qui est beau n'est pas forcément cher, et inversement d'ailleurs.

– Tout ce qui brille n'est pas or, je connais. Vous savez vous exprimer à peu près correctement et vous semblez ne pas manquer de répartie. Mais je préfère vous prévenir tout de suite : avec moi, votre numéro de charme ne prend pas. Vous n'êtes pas en train de passer un casting, ici. Je vous rappelle que vous êtes impliqué dans un trafic de drogue international.

– Rassurez-vous, monsieur le juge, je n'ai pas oublié les raisons de ma présence dans votre bureau.

– Dans ce cas, dites-moi comment vous vous êtes procuré les kilos de drogue en possession desquels vous avez été interpellé à la gare du Nord ?

– Comme j'ai eu à le dire, je les ai…

– Attention, M. Nkamwa, n'essayez pas de m'inonder avec vos balivernes. J'ai parcouru vos déclarations, elles ont failli me faire mourir de rire. Non pas qu'elles soient drôles, mais elles témoignent d'une audace sans limite, et je pèse mes mots : comment osez-vous croire qu'une telle histoire soit crédible ? Acheter des kilos de drogue comme on achète des cigarettes, comme ça au coin de la rue, comment pouvez-vous croire que ce sera accueilli autrement que par un éclat de rire ? Autant vous le dire tout de suite : si vous persistez dans cette voie sans issue, je vais m'énerver. Il paraît que vous êtes intelligent, que vous avez réussi vos examens universitaires, eh bien, c'est le moment de le prouver. La première preuve d'intelligence, c'est de savoir agir comme il faut quand il faut. Et là, la récréation est finie. Donc je vous repose la question : comment et par qui avez-vous obtenu cette drogue ? Réfléchissez bien, M. Nkamwa, il en va de votre avenir.

– « Tu vois, il connaît ma leçon sur le bout des doigts : la peur, il cherche à te l'inspirer. Il ne laisse aucune place à l'empathie. » Monsieur le juge, j'ai peur de vous répondre. Vous allez penser que je me paie votre tête ou que je ne saisis pas l'importance de la situation.

– Vous allez me faire pleurer…

– Le problème, c'est que j'ai dit la vérité. « Ou presque, j'avoue. Que je l'aie achetée dans un bar à Bruxelles ou en Hollande, qu'est-ce que ça change ? Je n'peux pas donner le nom de la personne qui me met en contact avec le coffee shop, ce mec n'a rien à voir avec le trafic, je l'ai rencontré presque par hasard. »

– Je vois que vous vous obstinez. Sauf qu'à ce jeu, je suis plus fort que vous. Maître, vous auriez dû raisonner votre client.

– « Ouh là, je suis dans de beaux draps. La moutarde lui est montée au nez. » Et pourtant, je ne m'obstine pas, monsieur le juge.

– Un conseil : taisez-vous M. Nkamwa, c'est mieux pour vous. J'en ai assez entendu. Gardez vos belles phrases pour les surveillants de la prison. Vous en aurez besoin, parce que là vous allez repartir pour un mandat de dépôt de six mois…

« Qu'est-ce qu'il raconte, Divin, qu'est-ce qui s'passe ? »

– Vous avez autre chose à ajouter ?

– Non, monsieur le juge, je n'ai rien à ajouter. À part le fait qu'au début, quand j'ai commencé à dealer, j'étais étudiant et je dealais occasionnellement, alors qu'à la fin, j'étais dealer et j'étudiais occasionnellement. J'ai fini par tomber dans l'engrenage comme on tombe dans un puits sans fond. Je suis devenu prisonnier de l'argent facile, je ne pouvais plus m'arrêter de dealer et ce n'est pas faute d'avoir essayé. Avec du recul, je réalise que la prison a réussi à faire ce que j'étais incapable de faire par moi-même : elle m'a libéré…

– Qu'avez-vous dit, M. Nkamwa ? Ai-je bien entendu ?

« Qu'est-ce qu'il lui arrive ? Pourquoi il se lève ? Carrément, il enlève ses lunettes ! Ah, il se rassoit. »

– Si vous dites une phrase pareille le jour de votre jugement, M. Nkamwa, vous allez prendre cher, demandez à votre avocat. Certaines phrases ne doivent pas être prononcées devant une cour de justice. Et pourtant cette phrase va vous donner la liberté.

– Quoi ? Comment ça ? Vous êtes sérieux, monsieur le juge ? Euh, excusez-m…

– Je n'ai jamais été aussi sérieux. Si je ne crois pas à votre histoire d'achat de drogue à Bruxelles, mais alors pas une seule seconde, je crois, en revanche, à ce que vous venez de dire sur vous-même, et qui vaut son pesant d'or. Vous avez pris conscience que l'argent facile était une véritable prison. Cette vérité, vous avez beau déployer des trésors de pédagogie pour l'expliquer aux jeunes, ils refusent de vous écouter. Ils sont persuadés que c'est une solution temporaire, que c'est une activité saisonnière et qu'elle ne durera que le temps d'aider la famille à payer les factures et de mettre un peu d'argent de côté. Mais l'argent facile, c'est un cercle vicieux aux allures d'éternel recommencement. Sur la route du dealer, les coups durs, ça ne manque pas. Plus l'argent augmente et plus les véritables amitiés diminuent : arnaques entre frères d'armes, délation entre concurrents… Autant de coups durs que les dealers, pétris d'orgueil, croient pouvoir surmonter en mettant les bouchées doubles. Après une perte sèche de quelques kilos de shit, pour se refaire, ils passent à l'étage supérieur, celui de la drogue dure. Et là, les enjeux n'étant plus les mêmes, c'est le début de la fin, via règlements de compte ou overdoses. Je vous rends donc à votre liberté, car vous semblez avoir compris l'essentiel : l'argent facile est un véritable poison. Et puis, vous avez la capacité d'en sortir. Vous avez le sérum.

– Comment ça ?

– Vous avez eu un bac S.

– Oui, et alors ?

– Le bac scientifique, M. Nkamwa, ce n'est pas rien, ce n'est pas un B.E.P. chaudronnerie, comme dirait le poète Oxmo Puccino.

« Non, j'le crois pas, le juge dégaine du Oxmo. À l'aise. »

– Inutile de faire cette tête : je n'écoute pas que du Chopin, vous savez. Et vous avez eu votre année universitaire derrière les barreaux ! Existe-t-il plus éclatante démonstration de votre détermination ? Vous avez prouvé que vous en avez dans le ventre, que vous en avez à revendre, que vous pouvez transcender le milieu qui vous entoure. Vous avez encore toutes vos chances, alors saisissez-les. Foncez ! Ce n'est pas le juge qui vous parle, c'est le père de famille. Je sais que vous avez grandi sans père, comme la grande majorité des jeunes détenus. C'est la matrice de la délinquance juvénile : pas de père, pas de repère, pas de limite, pas d'autorité et pas de modèle. Que des contre-modèles pour héros. Donc vous allez rentrer à Fleury, prendre vos affaires sous le coude, dire au revoir à Richard – un conseil, n'essayez pas de le revoir à l'extérieur – et vous reprenez votre route vers vous-même sans vous retourner ! C'est compris, M. Nkamwa ? Tâchez de vous entourer de personnes qui vont dans la même direction que vous, qui partagent vos priorités. Évitez, autant que faire se peut, les amis du quartier qu'il vous reste, c'est pour votre bien. Car à marcher avec les boiteux, on se met à boiter. Et puis, ils n'étaient pas avec vous en cellule, ils n'ont pas passé les examens à vos côtés. Ils essaieront de vous ramener là où ils sont, en croyant bien faire. Le plus dur consistera à encaisser les premiers mois, sans mettre le genou à terre : le retour à la réalité est un combat. L'argent facile vous fera du charme. Vous devrez résister, encore et encore, tenir coûte que coûte. Pour y parvenir, il vous faudra faire comme Ulysse face au chant irrésistible des sirènes : vous attacher au mât de votre bateau. Votre mât à vous, ce sera votre carte d'étudiant. Si vous succombez, là, autant que vous le sachiez tout de suite, ce sera fini pour vous : la Justice ne vous laissera plus aucune chance. Elle ne vous fera pas de cadeau : les quelques mois que vous venez de passer à l'ombre se transformeront en années, renouvelables au demeurant.

– Merci, monsieur le juge, merci pour tous vos conseils. Soyez sûr qu'ils ne sont pas tombés dans l'oreille de Van Gogh.

– Ah ! Ah ! Ah ! Vous avez de l'humour, M. Nkamwa ; c'est la moitié de la santé, comme on dit. Veillez à préserver l'autre moitié, votre famille en a besoin, votre mère, votre brave maman a besoin de son fils, votre petit frère a besoin d'un grand frère modèle. Ne me remerciez pas, remerciez-vous vous-même ! Allez, au revoir, M. Nkamwa. Maître, messieurs les gendarmes, vous pouvez l'emmener. Inutile de lui remettre les menottes. C'est un homme libre.

– « C'est surtout Dieu que je dois remercier. Dieuuu, Tu as tenu Ta promesse. Il ne me reste plus qu'à tenir la mienne. » Au revoir, monsieur le juge.

– Eh bien, M. Nkamwa, bravo ! Vous n'avez pas eu besoin de moi. Vous avez été votre propre avocat.

– « Regardez-moi celui-là, il s'est bien engraissé avec mes deux mille euros. Gratos. » Merci, maître. Comme quoi, on n'est jamais mieux servi que par soi-même !

– Vous avez raison. Heureusement pour moi, tous mes clients ne savent pas se défendre.

– Surtout vos jeunes clients noirs et arabes de banlieue. Le verbe leur fait défaut comme les bras font défaut à la Vénus de Milo.

– Pas mal. Je peux vous dire, M. Nkamwa, que je ne suis pas près de vous oublier. De toute ma carrière, c'est la première fois que je rencontre un détenu plus fort à l'issue de sa peine qu'au début. D'ordinaire, la prison, ça les bouffe à petit feu. Quel est votre secret ?

– Ah maître, si vous saviez. Mais ne vous inquiétez pas : vous le saurez assez tôt.

– Si vous le dites…

« Je le dis, et le redirai haut et fort, mais surtout je vais l'écrire. »

– Richard, oh Richard, oh Richard !

– Si tu rentres en chantant, ça veut tout dire…

– Oui, mais je vais quand même te raconter. Il faut que je fasse vite, le surveillant revient me chercher dans deux heures.

– Quoi ? Dans deux heures, tu seras dehors ?

– Non, je serai dehors dans deux heures et demie !

– Hein ? Comment t'as fait ?

– Richard, tu ne vas pas commencer à faire ton juif-athée-qui-sort-d'Auschwitz.

– Tu veux dire « ton juif-devenu-athée-en-sortant-d'Auschwitz. »

– Bon. Tu sais bien que je n'y suis pour rien. Tout a commencé dans la cellule en attendant de voir le juge. Tu ne devineras jamais, mais alors jamais, ce qui s'est passé ; il faut le vivre pour le croire. Même au cinéma, Spielberg n'aurait jamais pu imaginer une scène pareille, j'en ai encore des frissons…

– Raconte, raconte.

– Je me tenais debout, mon épaule droite contre le mur et je regardais les tags, les signatures qui s'entassaient sur les murs de la cellule comme des immigrés à la préfecture de Bobigny. À un moment, et alors que j'avais décollé mon épaule du mur, je réalise qu'à l'endroit précis où elle se trouvait, il y avait… Non, tu ne le croiras pas, j'ai encore du mal à le croire. Appelle Mulder et Scully…

– Quoi ? Y avait quoi ?

– Essaie de deviner…

– Laisse tomber, frère, ch'uis nul en devinette. La seule chose que je devinais, c'était la cachette où les riches planquaient leurs bijoux. Sérieux, c'était quoi ?

– Eh bien, il y avait une étoile de David.

– Tu t'fous d'moi, tu veux m'faire marcher ? C'est impossible.

– C'est c'que j'me suis dit en la voyant. Pourtant elle était là, devant moi, à me fixer. Le plus dingue, c'est qu'elle était gravée dans la pierre.

– Qu'est-ce que tu racontes ? Ça y est, j'ai compris : monsieur va devenir écrivain, du coup il teste le pouvoir de son imagination sur moi. C'est pas sympa, frère, j'pensais que tu avais plus d'estime pour moi.

– Frère, je te le jure devant Dieu ! Il y avait une étoile de David gravée sur le mur, à l'endroit exact où mon épaule s'était installée. Dès que j'ai vu ça et que j'ai repris mes esprits, j'étais comme Sangoku : en mode super-guerrier. Je ne me suis jamais senti aussi puissant. Ça ne pouvait pas tomber à un meilleur moment.

– Et dans le bureau du juge, comment ça s'est passé ? Ou plutôt : comment les choses se sont-elles déroulées ? Et ouais, Chateaubriand commence à couler dans mes veines…

– Je vois ça, c'est toujours mieux que Bigard ! Pour répondre à ta question, au début, une atmosphère rock'n roll régnait dans le bureau. À se demander s'il ne venait pas d'écouter le dernier couplet de *Seul le crime paie*, quand Booba lâche son "face à face que des regards froids, y'a pas d'z'yeux doux".

– Sérieux ?

– Je t'assure. Son regard était pire que froid. Celui du type qui veut te mettre sous pression. Et son ton, directement sorti de la bouche d'un général de l'armée. C'est à peine si j'avais le droit à la parole. Le juge ne voulait rien entendre de mon histoire. Au bout de deux minutes, je me suis dit que les carottes de ma libération étaient cuites et qu'elles l'étaient déjà avant que je ne pénètre dans son bureau. Tout s'est passé dans les dernières secondes. On jouait les arrêts de jeu quand il m'a demandé, juste pour la forme, si j'avais une dernière chose à ajouter.

– Et cette dernière parole ?

– Je ne sais pas d'où c'est sorti, je n'ai pas réfléchi…

– Voilà, tu sais tout, je ne t'ai rien épargné, pas une seule miette.

– Franchement, Frédéric, j'espère que tu écriras un livre sur ce que tu as vécu ici. Ça fera un carton.

– J'avoue. Et même si je n'ai pas l'imagination d'un romancier, je vois mal comment un romancier pourrait imaginer ma vie.

– N'oublie pas que tu as un don : tu as réussi à draguer une surveillante avec une lettre. Tes mots ont réussi à lui faire franchir la ligne rouge, elle s'est introduite dans la cellule. À ses risques et périls. Ça aussi il faudra le raconter. Tu pourras en rajouter un peu. Le sexe, ça fait vendre !

– Ah ! Ah ! Ah ! Quel Juif, celui-là !

– De quoi tu parles ? De nous deux, qui a été le Juif ici, à toujours me faire cogiter, sur tout, sur rien, pour le simple plaisir de réfléchir ? Tu devrais songer à ouvrir une yeshiva.

– Impossible : je ne parle pas hébreu.

– L'hébreu, c'est comme tout, ça s'apprend. Et comme t'es matheux, ce s'ra facile pour toi.

– Avant d'apprendre l'hébreu, j'dois d'abord apprendre ma langue maternelle, le bangoua, et ma langue paternelle, le balengou. Mes racines sont plus importantes que mes fruits. Il ne faudrait pas que mes aïeux me maudissent, au motif que je ferais de la désertion identitaire !

– Logique ! En parlant de ton père, tu as prévu d'aller le voir ? Rappelle-toi, tu dois faire la paix avec lui sinon tu ne seras jamais en paix avec toi-même. Il ne faut pas perdre de temps, un jour, il sera trop tard. Et tu t'en voudras tout le reste de ta vie, comme moi je m'en veux d'avoir été ici, en prison, au moment où le mien est parti. Heureusement, ils m'ont laissé aller à l'enterrement. Mais je m'en veux et pourtant j'ai grandi avec lui, on a savouré tant de bons moments ensemble. Toi qui n'as pas connu ton père. Tu as certainement des questions à lui poser. En somme, tu dois obéir au commandement : tu honoreras ton père.

– Hmmm… « Il a raison, mais ce n'est pas qu'une affaire de volonté personnelle. C'est sympa de me dire ça, il me veut du bien. Qu'est-ce qu'il va me manquer, Richard ! »

– M. Nkamwa, vous êtes prêts ? Vous partez dans cinq minutes…

– Oui, surveillant, je serai prêt dans quatre minutes et cinquante-neuf secondes.

– Bon, Richard, frérot ! C'est l'heure de nos adieux. Retenons de notre passage entre ces quatre murs que nous avons fait ce que nous avions à faire : renaître. Renaître en beauté ! Ensuite, chacun devra poursuivre dans sa réalité, sans jamais jaaaaaaamais abandonner la lecture ! Nous sommes tombés au D3, nous nous sommes relevés, nous sommes allés de l'avant pendant que les autres faisaient du surplace. Maintenant, nous devons prendre notre envol avec des ailes d'aigle, pas avec des ailes de moustique. Allez frère, prends soin de toi et des tiens. « Divin, j'espère que Tu lui réserves un agréable horizon. »

– Mon frère, avant que tu partes, j'dois t'avouer quelque chose : si j'ai enfin foi en Dieu, je n'ai pas foi en la France. Et j'ai peur que ta foi t'aveugle. Pendant ton entretien avec le juge, figure-toi que j'ai parcouru un livre sur la France et les Juifs. Il m'a chamboulé, j'avoue. Il m'a remis les pendules à l'heure, ou plutôt il a fait remonter à la surface ce que mon père m'avait enseigné autrefois.

– À ce point ?

– J't'assure, frère. Il m'a rappelé qu'en tant que fille aînée de l'Église, la France est aussi la mère de l'antisémitisme. Ici, c'est pas comme aux États-Unis, on ne nous aime pas, on nous tolère. Et depuis l'Intifada, l'antisionisme devient de plus en plus une religion : il devient sacré. Pour un musulman, se battre contre les sionistes, c'est un devoir. Du coup, j'ai peur pour toi. Déjà qu'avoir la foi dans un pays qui ne l'a pas, c'est compliqué, mais alors être sioniste dans un pays qui a foi en l'antisionisme, c'est presque du suicide. C'est comme être une île au milieu de l'océan : il suffit d'un petit tsunami et hop, l'île est avalée. Un Juif a écrit un jour que "les pessimistes ont fini à Hollywood et les optimistes à Auschwitz". Ça veut dire que tu as beau croire en Dieu, si tu vis entouré de gens qui croient qu'il faut t'envoyer à la morgue, Dieu ne pourra rien pour toi. Je ne te l'ai jamais dit, mais à chaque fois que je me rends à l'infirmerie, dès la salle d'attente, je ne sais pas si c'est écrit sur mon front que je suis juif, mais je sens d'emblée que les autres taulards, barbus pour la plupart, veulent faire de moi leur mouton de l'Aïd. J'ai peur que, pour nous, l'avenir en France soit un pari risqué. Entre les athées et les barbus, j'ai l'impression que les jeux sont faits. Il fallait que je te le dise : peut-être que nous devrons dire adieu à la France, si on ne veut pas dire un adieu forcé à la vie. Pardon d'avoir plombé ce moment solennel, mais j'avais ça sur le cœur, il fallait que je t'en fasse part. Mon frère, prends bien soin de toi et de ta foi. La prochaine fois que je te verrai, je suis convaincu que ce sera à la télé, sur CNN. Tu parleras de ton livre ! Allez, shalom, rabbi Nkamwa.

– Shalom, rabbi Darmon. Et merci pour ce que tu viens de m'offrir, tu ne pouvais pas me faire plus beau cadeau de départ ; aussi surprenant qu'instructif. C'est vrai, je n'avais pas pris en compte ce paramètre : si ma foi a le pouvoir de me protéger de moi-même, de me protéger du doute, elle ne me protégera pas d'une meute de non-croyants ou d'antisémites-faussement-antisionistes décidés à me faire la peau. Je vais voir ce que la liberté me réserve, et je te promets de rester sur mes gardes, de toujours avoir mon passeport dans une poche, au cas où le vent tournerait. Shalom.

« Me voici foulant pour la dernière fois le sol de Fleury-Mérogis, direction la sortie. Je n'ai pas eu le temps de faire d'adieux à mes deux frères Kamers, Yves et Hervé. En promenade, hier, je les ai prévenus que mes heures ici étaient comptées, ils ne m'en voudront pas. Un fraisier : j'ai une furieuse envie de fraisier. Sitôt dehors, je me rue sur la première boulangerie venue ! C'est fou, ça : je retrouve ma liberté de mouvement et mon premier désir est dédié à la gourmandise la plus primaire, manger un gâteau ! J'aurai beau lire, éplucher, décortiquer tous les livres de la terre, je n'en resterai pas moins un humain. Le chemin qui mène à la pensée passe par la panse. Le corps avant l'esprit : triste réalité à laquelle je n'échappe pas. Après mon fraisier, il me tarde de manger un bon ndolè avec du riz, des plantins mûrs. Je me demande ce que sont devenus les autres, ça va leur faire drôle de me revoir si tôt. Ça va surtout me faire drôle de les voir prisonniers de l'ignorance et de la vulgarité, eux qui se sentent si libres. Il faudra que j'y aille avec des pincettes. Comment convaincre un malade qui se croit en parfaite santé qu'il est gravement malade ? Surtout lorsque l'initiative émane d'un médecin qui apparaît comme le vrai malade ? Mon premier défi consistera à croquer mon statut de médecin à pleines dents. Ce n'est qu'à ce moment-là que mon diagnostic pourra être entendu. J'ai du pain sur la planche. Bordel, j'ai tellement faim de vie. Merci, Dieu, pour tout ce que Tu me réserves et qu'il va me falloir mériter. » *« C'est ça, tu as raison : profite de tes derniers instants d'insouciance, fais celui qui n'est pas perturbé par ce qu'il vient d'apprendre. Ah ! la jeunesse, quelle formidable bulle flottant au-dessus de la gravité du réel ! Sauf que moi, ta bulle, je vais vite la percer. Ce n'est pas faute de t'avoir mis en garde. Richard vient d'essayer de t'alerter sur ce que te réserve ta si belle patrie des droits de l'Homme. Nian nian nian ! Tu vas bientôt devoir faire un choix : prendre le chemin de l'exil ou me reprendre dans ta vie. Mais, je ne suis pas pressé, retrouve déjà la chaleur des tiens. Pendant ce temps, je vais finaliser un deal avec quelqu'un que tu portes dans ton cœur. Lui, contrairement à toi, a fait preuve de sagesse. Il est plus âgé que toi, il est vrai.* » « Tu me parles de qui là ? » *« Je te laisse deviner. Mais comme je suis de nature généreuse, je te donne un indice : il est un don de Dieu. Allez, bon retour chez toi et surtout, sois le bienvenu chez moi. Tu ne le sais pas encore, mais je suis le nouveau propriétaire de la France, même si les Français, dans leur immense majorité, n'en ont pas la moindre idée. C'est l'avantage avec les athées : ils sont persuadés que je n'existe pas. Nian nian nian.* »

Remerciements

Un grand, robuste et puissant merci à tous ceux (je ne les cite pas de peur d'en oublier injustement et donc d'en froisser) qui, par leurs encouragements, leurs conseils, leur regard bienveillant, n'ont cessé, année après année, de m'accompagner sur la route, un brin atypique, que je me suis choisie sans autre choix qu'elle. Ainsi va la vocation, comme le prouve ce premier roman ; qui est loin d'être le dernier…

L.-H. W.

MINIGLOSSAIRE

Babtou : Blanc (chez les Africains).

Baille : affaire.

Baltringue : lâche.

Bamiléké : plus grand groupe ethnique du Cameroun.

Bam's : diminutif de Bamiléké.

Bédot : joint.

Bélek : attention.

Beuj : jambe.

Blédard : celui qui vient du pays (péjoratif).

Boloss : bouffon.

Bounty : Noir vendu aux Blancs, traître.

Calle : laisse tomber.

Dareune : mère.

Daron : père.

Dèp : pédé.

Diezz : affaire, business.

Disquetter : embobiner, mentir.

Drah : embrouille.

Feuj : Juif.

Feyman : escroc.

Go : fille, petite amie.

Gwer : Blanc (chez les Arabes).

Hagar : malmener (physiquement), taper.

Haram : interdit.

Hbess : prison.

Hess : galère.

Hmar : idiot.

Kamer : Camerounais.

Karl : diminutif de Karlouche.

Karlouche : Noir.

Miskine (m'skina) : le pauvre.

Mouff : dégage ; arrête tes bêtises (expression camerounaise).

Naress : dormir.

Rassenets : récompenses.

Reuf : frère.

Rohs : amis.

Rouhya : ami.

Seum : blues, cafard.

Sheytan : diable.

Shlag : toxico.

Sky : whisky.

Taf : travail.

Tarrh : genre.

Ter-ter : quartier, bitume.

Thug : racaille, dur à cuire.

Tiser : boire beaucoup d'alcool.

Wallah : je te jure !

Xeu-to : toxico.

Z'beul : bazar.

Zarefff : énervé.

Zarma : style, semblant.

AUX ÉDITIONS DE L'ANTILOPE

1. Rachel Shalita,
Comme deux sœurs,
roman, traduit de l'hébreu par Gilles Rozier.

2. Yitskhok Rudashevski,
Entre les murs du ghetto de Wilno 1941-1943,
journal, traduit du yiddish par Batia Baum.

3. Sholem-Aleikhem,
Guitel Pourishkevitsh et autres héros dépités,
histoires, traduit du yiddish
par Nadia Dehan-Rotschild.

4. Igor Ostachowicz,
La nuit des Juifs-vivants,
roman, traduit du polonais
par Isabelle Jannès-Kalinowski.

5. Israël Joshua Singer,
Et Wolf fils de Hersh devint Willy,
roman, traduit du yiddish
par Monique Charbonnel-Grinhaus.

6. Eran Rolnik,
Freud à Jérusalem - La psychanalyse face au sionisme,
essai, traduit de l'anglais par Gilles Rozier.

7. Hanan Ayalti,
Attendez-moi métro République,
roman, traduit du yiddish
par Monique Charbonnel-Grinhaus.

8. Daniella Carmi,
La famille Yassine et Lucy dans les cieux,
roman, traduit de l'hébreu par Jean-Luc Allouche.

9. Yves Flank,
Transport,
roman.

10. Israël Joshua Singer,
Printemps et autres saisons,
nouvelles, traduit du yiddish
par Monique Charbonnel-Grinhaus.

11. Yonatan Berg,
Donne-moi encore cinq minutes,
roman, traduit de l'hébreu par Laurence Sendrowicz.

12. Jean-Pierre Gattégno,
Les aventures de l'infortuné marrane Juan de Figueras,
roman.

13. Sabyl Ghoussoub,
Le nez juif,
roman.